BARBARA NOACK

# DIE ZÜRCHER VERLOBUNG

## GEKÜRZT UND VEREINFACHT
## FÜR SCHULE UND SELBSTSTUDIUM

Diese Ausgabe, deren Wortschatz nur die
gebräuchlichsten deutschen Wörter umfaßt,
wurde gekürzt und vereinfacht und ist damit den Ansprüchen des Deutschlernenden
auf einer frühen Stufe angepaßt.

Oehler: Grundwortschatz Deutsch (Ernst
Klett Verlag) wurde als Leitfaden benutzt.

Herausgeber: Ingeborg Zint
Illustrationen: Oskar Jørgensen

© 1978 GRAFISK FORLAG A/S
ISBN Dänemark 87-429-7492-5

Gedruckt in Dänemark von
Grafisk Institut A/S, Kopenhagen

## BARBARA NOACK

Barbara Noack stammt aus Berlin. Sie schreibt heitere Romane und Geschichten über unseren Alltag und die Beziehung »ganz normaler« Menschen untereinander. Die bekanntesten Werke sind: »Ein gewisser Herr Ypsilon«, »Eines Knaben Phantasie hat meist schwarze Knie«, »Valentine heißt man nicht« und »Italienreise – Liebe inbegriffen«.

# I

Es begann am 7. Oktober, morgens halb acht. Der Himmel war an diesem Tag eine einzige graue Wolke.

»Wie damals in London«, sagte Onkel Julius, der keine Gelegenheit ausließ, seine Englandreise vom letzten Jahr zu erwähnen.

Er war schlechter Laune an diesem Morgen: Tante Sophie lag mit Herzbeschwerden und einem Buch aus der Leihbibliothek im Bett, und seine Assistentin hatte sich mit *Grippe* entschuldigt. Er schätzte keine leidenden Frauen, außer jenen, deren Schmerzen ihm als Zahnarzt Geld einbrachten. Zwei leidende Frauen – das war zuviel.

»Wenn ich nur wüßte, woher ich so schnell eine neue Assistentin bekomme!«

Er sah mich scharf an – und ich verstand.

»Wenn du eine assistentielle Attrappe brauchen kannst, bin ich gern bereit.«

»Was soll das heißen?« fragte er.

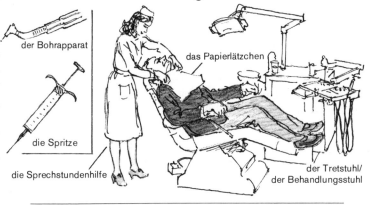

der Bohrapparat

die Spritze

die Sprechstundenhilfe

das Papierlätzchen

der Tretstuhl/
der Behandlungsstuhl

*die Grippe,* eine Erkältungskrankheit

»Das soll heißen, daß ich mich mit *fachkundigem* Gesicht neben den *Behandlungsstuhl* stelle und so tue als ob.«

»Wenn du unbedingt willst.« Das war genau die Antwort, die ich auf mein generöses Angebot nicht erwartet hatte.

Als ich die Tür zum Wartezimmer öffnete, sah ich *ihn.*

Mein erster Gedanke war: Wenn Onkel Julius diesem Mann weh tut, werfe ich ihn aus seiner eigenen Praxis oder halte meine Zähne für »den da« zum Bohren hin. Aus dieser spontanen Opferbereitschaft kann man sehen, daß ich vom ersten Augenblick an in ihn verliebt war.

Das fiel übrigens nicht schwer, denn er *sah blendend aus.* Er war eine Mischung aus antiker Schönheit und eleganter Figur aus dem Herrenjournal.

Neben ihm saß ein Mann mit vorgebeugtem Rücken und in die Wangen gebeulten Fäusten. Dem tippte er freundlich auf die Schulter. »Es ist soweit, Büffel.«

Herr Büffel grunzte etwas Unfeines und stand auf.

»Soll ich mit reinkommen, Büffel?« fragte sein Freund.

»Ach, laß nur«, sagte der und ging an mir vorbei auf Onkel Julius zu.

Sein Freund lächelte ihm halb mitleidig, halb amüsiert und auf jeden Fall erleichtert nach, weil er nur die schmerzlose Begleiterrolle zu spielen brauchte.

»Juliane«, rief Onkel Julius. Ich machte die Tür hinter mir zu und band Büffel ein *Papierlätzchen* um. Mein On-

---

*fachkundig,* mit Kenntnissen in einem Fach
*der Behandlungsstuhl,* siehe Zeichnung auf Seite 7
*blendend aussehen,* sehr gut aussehen
*das Papierlätzchen,* siehe Zeichnung auf Seite 7

kel beugte sich über ihn. »Seit wann haben Sie die Schmerzen?«

»Seit einer Woche ungefähr. Aber heute nacht wurden sie unerträglich. Fragen Sie meinen Freund.«

»Gern.« Ich wollte zur Wartezimmertür eilen, aber Onkel Julius rief mich zurück.

Er schob seinen kleinen Spiegel in Büffels Mund. Ich *schaute* mit hinein. Er hatte ein paar *beachtliche Ruinen* in der *Backe* und roch nach Cognac. Onkel Julius klopfte die Ruinen ab.

»Es ist der *Weisheitszahn*. Eine Behandlung lohnt bei ihm nicht. Wir ziehen ihn am besten gleich.«

»Gleich?« Herr Büffel biß vor Schreck auf den Spiegel.

»Mach die *Spritze* fertig, Juliane.«

Ich lächelte nur.

»Ach so«, brummte Onkel Julius, der vergessen hatte, daß ich eine Attrappe war.

Herr Büffel richtete sich im Stuhl auf. In diesem Augenblick wirkte er zugleich feige und gewalttätig.

Onkel Julius hielt die Spritze gegen das Licht, dann sagte er zu dem ausgewachsenen Mann auf dem *Tretstuhl:*

»Es tut nicht weh. Nun machen Sie den Mund hübsch weit auf – so, na also. Brav. Ich gebe Ihnen gleich noch eine Spritze. Nein, nein, die merken Sie gar nicht mehr.«

Die Weisheitszähne wohnen sozusagen draußen vor der Stadt. Sie sind die letzten Gebäude in der Zahnstraße

---

*schauen,* sehen
*beachtliche Ruinen,* hier: Zähne mit ziemlich großen Löchern
*die Backe,* die Wange
*der Weisheitszahn,* der hinterste Zahn
*die Spritze, der Tretstuhl,* siehe Zeichnung auf Seite 7

und von der Zunge schwer zu erreichen. (Versuchen Sie's mal!) Bei Herrn Büffel bestand das Gebäude der Weisheit rechts nur noch aus einer Seitenwand – und die war zu schwach für die *Zange.*

Es knirschte leise, Onkel Julius zog kräftig – und Büffel stieß ihm mit solcher Kraft gegen den Magen, daß mein Onkel mit Zange und einem blutigen *Fragment* daran gegen den *Bohrapparat* fiel.

»Sind Sie verrückt?« schrie er.

Ein Glück, daß die Tür zum Wartezimmer sehr dick war. Das Geschrei hätte dem Renommée meines Onkels sehr geschadet.

»Idiot! – *Schinder*!« nannten sie sich und noch eine Menge harter Ausdrücke mehr.

»Vielleicht haben die Spritzen nicht gewirkt?« schrie ich dazwischen. »Hatten Sie Schmerzen?«

»Schmerzen? Nein, aber der Kerl hat mir fast den Kiefer gebrochen!« Büffel *brüllte* mit schiefem Mund – wegen der gefühllosen Backe.

Ich ging ins Wartezimmer.

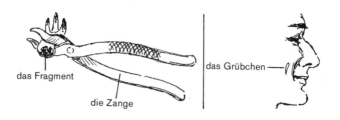

das Fragment

die Zange

das Grübchen

---

*der Bohrapparat,* siehe Zeichnung auf Seite 7
*der Schinder,* jemand, der einen anderen quält
*brüllen,* sehr laut schreien

»Würden Sie, bitte, zu Ihrem Freund kommen?« fragte ich Büffels schönen Begleiter.

»Lebt er noch?« flüsterte er, als wir den Flur erreichten.

»Und wie! Es ist noch nicht klar, ob er meinen Onkel oder mein Onkel ihn umbringen wird.«

Alles an ihm zitterte, so sehr lachte er, als ich ihm in Telegrammkürze das bisher Geschehene erzählte. Ehe wir den Kampfplatz betraten, legte sich seine Hand auf meinen Arm. »Beurteilen Sie den Charakter meines Freundes nicht nach seinem Benehmen auf dem Behandlungsstuhl. Ohne Zähne wäre er ein sehr netter Mann.«

Meine Blicke fuhren drei Stockwerke hoch zu seinen Augen. Es waren gutmütige, zärtlich braune Augen. Ich hatte genau das Herzklopfen überall im Körper, das mein früherer Verlobter – wie er behauptete – drei Jahre lang nicht an mir gefunden hatte. Es herrschte Grabesstille, als wir das Sprechzimmer betraten. Doch beide lebten, Büffel mit gehorsam aufgerissenem Mund im Behandlungsstuhl und Onkel Julius über ihn gebeugt.

»Ha-hi-hu-hi?« lallte Büffel, als er seinen Freund plötzlich neben sich sah.

»Was Sie hier wollen«, übersetzte mein Onkel.

»Du sollst randaliert haben, Büffel, und da wollte ich –«

»Nein, nein«, sagte Onkel Julius. »So schlimm war das nicht, meine Nichte hat das sicher übertrieben.« Und Büffel nickte mit dem Kopf.

Am liebsten hätte ich jetzt beide angeschrien, aber ich konnte mich nicht entscheiden, wen zuerst.

»Hier sind schmerzstillende Tabletten, die nehmen Sie, wenn die Wirkung der Narkose nachläßt«, sagte Onkel Julius, als Büffel seinen flachen Hut aufsetzte. Sein

Freund gab mir zum Abschied die Hand und lächelte auf mich nieder – und ich fragte mich, ob er von Natur aus zu allen Frauen so herzlich war oder nur in speziellen Fällen. Noch nie hatte ich mir so sehr gewünscht, ein spezieller Fall zu sein.

Sie gingen.

Er hatte mir geholfen, auch wenn ich ihn nicht wiedersehen sollte.

Ich war wieder jung, hübsch, mit Vergnügen blond und fähig, mich zu verlieben.

An diesem Vormittag konnte mich nicht einmal der unerwartete Anruf von Jürgen Kolbe (das war der Herr, mit dem ich drei Jahre umsonst verlobt war) aus der Ruhe bringen.

»Ich habe geschäftlich in Berlin zu tun«, sagte er.

»Was macht Karin? Ist sie auch hier?«

»Nein«, sagte er, »aber sie grüßt dich.«

»Sehr aufmerksam. Wann ist denn eure Hochzeit?«

»Och, das hat noch Zeit«, sagte Jürgen.

Nanu, dachte ich, nanu, nanu! Es war mir doch deutlich im Gedächtnis, daß sie so schnell wie möglich heiraten wollten.

»Und wie geht's dir, Julie?«

»Danke, ich habe mich verliebt.«

Jürgen schwieg.

Er hustete.

»Wer ist es denn?« fragte er endlich.

»Keine Ahnung«, sagte ich, »aber er hat ein *reizendes Grübchen.*«

»Dann natürlich! Und seit wann liebst du Grübchen?«

---

*reizend,* sehr hübsch
*das Grübchen,* siehe Zeichnung auf Seite 10

»Seit heute vormittag.«

»Julie«, sagte Jürgen dringend, »ich möchte dich unbedingt sehen. Hast du nachmittags für mich Zeit?«

Wenn ich dem Spiegel und den gutgemeinten, vielleicht auch ehrlichen Komplimenten anderer glauben durfte, so war ich eigentlich hübsch. Doch eine Frau, die ihre Verlobung nur mit drei minus (diese Note bekam ich in der Schule, wenn ich nicht aufgepaßt hatte; bei Jürgen hatte ich auch nicht aufgepaßt) hinter sich hat und ihre Zukunftshoffnung an eine andere Frau abgeben mußte, bekommt Komplexe.

Karin hieß die andere. Im Vergleich zu ihr fühlte ich mich alt. Ich war ein kleines bißchen über fünfundzwanzig – genauer gesagt: ich sollte im nächsten Monat dreißig werden. Karin aber war jung. Sie hatte schönes schwarzes Haar, ich langweiliges blondes. Sie konnte gut kochen, ich nur sehr schlecht. Karin hielt immer im richtigen Augenblick den Mund, ich erst erschrocken hinterher. Sie ließ sich vom teuersten Modegeschäft anziehen – mir fehlte immer irgendwo ein Knopf. Unsere gemeinsamen Freunde behaupten, ich habe einen besseren Charakter als sie. Aber ich hab's nicht gern, wenn man vor allem meinen Charakter bei der Aufzählung meiner Qualitäten erwähnt. Denn im Rennen um einen Mann – wann hat da schon der Charakter vor der Schönheit gesiegt?

O ja, Karin hatte mir so langsam eine Menge Komplexe eingelöffelt.

Doch an diesem Vormittag konnte ich mich selbst wieder besser leiden, und das war das Werk von zwei zärtlichen braunen, in Turmhöhe angebrachten Augen, die Büffels Freund gehörten.

Wir trafen uns um fünf Uhr im »Bristol«.

»Du bist fraulicher geworden«, fing er an, »und hübscher. Das *Kostüm* steht dir gut. Neu?«

»Fast. Aber du kennst es wahrscheinlich nicht. Ich hab's in deinem Beisein höchstens zehnmal angehabt.«

Später fragte ich ihn nach Hamburg, das ich vor anderthalb Wochen verlassen hatte, nach unseren gemeinsamen Bekannten und endlich auch nach Karin.

»Du wohnst jetzt bei ihr, nicht wahr?« Er hatte kurz nach unserer Trennung sein schlecht möbliertes Zimmer verlassen, um als künftiger Schwiegersohn in die Villa ihrer Eltern zu ziehen, jedoch . . .

»Ach, Julie –« seine Hand sank gleich einer schweren Last auf meine Schulter. »Ich wohne im Hotel – Julie – was meinst du, wollen wir's noch einmal miteinander versuchen?«

Ich nahm ein Haar von seiner Jacke und dachte an Büffels Freund. Und lächelte wohl dabei, denn Jürgen fragte eifrig: »So ganz dagegen bist du also nicht?«

»Im Augenblick bin ich gar nichts.«

»Doch – verliebt bist du in einen Kerl mit Grübchen. Und ich dachte, du leidest unter unserer Trennung!«

Weder das Grübchen noch meine Leiden hätten ihm Sorgen gemacht, wäre Karin noch immer seine ganz große Liebe gewesen.

Ich hatte plötzlich eine unbestimmte Hoffnung, ich wollte so schnell wie möglich nach Hause.

Und dann klingelte das Telefon. Meine unbestimmte Hoffnung – da war sie wieder! Ich nahm den Hörer erwartungsvoll ab.

»Bei Dr. Wayer!«

---

*das Kostüm,* siehe Zeichnung auf Seite 21

»Ja – hier Berner. Ich rufe im Auftrage meines Freundes an.« Es war meine ziemlich bestimmte Hoffnung!

»Ich weiß schon«, lachte ich und ärgerte mich, weil zu lautes Lachen leicht hysterisch klingt.

Jetzt lachte er auch, woraus ich schloß, daß er ahnte, mit wem er sprach.

»Was gibt es – Herr Berner?«

»Mein Freund ist fest entschlossen zu sterben. Im Augenblick ist er *blau*. Aber die Flasche Cognac hat nichts gegen seine Schmerzen genützt. Und Tabletten nimmt er aus Prinzip nicht. Was soll ich tun?«

»Lösen Sie ihm die Pillen, die ihm mein Onkel mitgegeben hat, in einem weiteren Glas Cognac auf. Vielleicht merkt er's nicht.«

»Gute Idee.« Seine Stimme wurde von einem schrecklichen Geschrei im Hintergrund begleitet.

»Lärmt da Ihr Freund?« fragte ich.

»Nein, das ist nur sein Sohn.«

»Hat er auch Wundschmerzen?«

»Nein, nein. Er ist von Natur aus so.«

Jetzt, da mein Interesse nicht durch sein gutes Aussehen von seiner Stimme *abgelenkt* wurde, fiel mir auf, daß er in leicht *schwyzerischem* Tonfall sprach. (Ich hatte bisher nicht gewußt, daß ich diesen geradezu entzückend fand.)

»Möchten Sie meinen Onkel noch sprechen?«

»Danke. Ich werde es jetzt mit den Tabletten im Cognac versuchen, und wenn er den *Schwindel* merken sollte –«

---

*blau,* betrunken
*ablenken,* von etwas wegführen
*schwyzerisch,* die Sprache der deutschsprachigen Schweizer
*der Schwindel,* die Lüge

»Dann rufen Sie am besten noch mal an.« Das sollte nur wie ein Vorschlag klingen, aber ich glaube, ich sprach ihn wie eine Bitte aus.

»Leider geht das nicht«, sagte er. »Ich fliege noch heute abend in die Schweiz zurück.«

»So –« ich war richtig enttäuscht.

Am Sonnabend früh um acht Uhr fuhr ich mit Jürgen Kolbe nach Hamburg zurück.

»Du, Jürgen – ist Krämer in Hamburg?«

Günter Krämer war Produktionschef der Grollig-Film und ein gemeinsamer Bekannter von uns aus verlobten Tagen.

»Weiß nicht. Warum?«

»Er sucht doch einen Stoff für einen Lustspielfilm.«

»Und da wolltest du ihm einen anbieten?«

»Ganz recht. Mir ist eben eine Idee gekommen, das heißt, der Anfang zu einer Idee. Soll ich mal erzählen?«

Jürgen nickte auffordernd.

»Also – es beginnt in einer Zahnarztpraxis. Die weibliche Hauptperson ist dort *Sprechstundenhilfe*. Eines Morgens sitzt ein Mann mit randalierendem Weisheitszahn und seinem sehr netten Freund im Wartezimmer. Der Mann ist feige – also, der feigste Mann, der mir je begegnet ist.«

»Wieso dir?« fragte Jürgen erstaunt.

»Habe ich 'ich' gesagt? Ich meine natürlich die Sprechstundenhilfe.« Ich erzählte ihm nun, was an jenem Vormittag in Onkel Julius' Praxis geschehen war.

---

*die Sprechstundenhilfe*, siehe Zeichnung auf Seite 7

Als ich fertig war, zeigte Jürgen sich nicht sehr begeistert.

»Gefällt's dir nicht?«

»Hm«, sagte er vorsichtig (er wollte mich ja wiedergewinnen), »es ist noch ein bißchen wenig. Ein Anfang immerhin. Du wirst schon etwas daraus machen.« Er blickte geradeaus auf die Autobahn. »Die Sprechstundenhilfe und der Freund des Feiglings kriegen sich am Schluß?«

»Gott geb's«, *seufzte* ich.

---

*seufzen,* tief Atem holen

# Fragen

1. In welcher Stadt fängt die Geschichte an? _London_
2. Was erlebt Julia in der Zahnarztpraxis ihres Onkels?
3. Warum ruft ihr früherer Verlobter sie an?
4. Wo wohnt Julia?

# II

Jene Woche, in der ich das Exposé für den Lustspielfilm ausarbeitete, der beim Zahnarzt anfing und auf dem *Standesamt* endete, war eine einzige, frohe Stunde. Mein Held war Berner. Er war ganz so, wie ich ihn mir wünschte – jungenhaft-männlich, herzlich, freundlich ... und es war wirklich fast ein glücklicher Zufall, daß ich nicht eine jener gefährlichen Idealgestalten aus ihm machte, die ihrer Liebsten treu bis in den Tod sind und leuchtenden Auges für sie sterben, niemals vergessen, ihr in den Mantel zu helfen, und so ideal sind, daß sie nicht dazu kommen, menschlich zu sein – so menschlich etwa wie der Mann, mit dem man viele Jahre zusammen lebt.

Selbstverständlich erhielt sein gewalttätig-feiger Freund auch eine wichtige Rolle. Er behielt seinen *Spitznamen* »Büffel« im Exposé – er paßte wirklich gut zu ihm.

Günter Krämer, der Produktionschef der Grollig-Film, flog mit meinem und vier weiteren Exposés nach Berlin, und fünf Wochen später hielt ich meinen Vertrag in den ungläubigen Händen. So schnell und reibungslos war's noch nie gegangen.

»Paul Frank will die Regie übernehmen«, erzählte mir Krämer, und ich machte einen Luftsprung. Paul Frank war ein sehr berühmter Lustspielregisseur. Daß er meinen Stoff akzeptiert hatte, bedeutete für mich sehr viel.

»Frank sagte allerdings, Ihr Stoff *enthalte* viel Unsinn, aber er könnte was draus machen. Sie wissen ja, Juliane,

---

*das Standesamt,* das Amt, wo Eheschließungen stattfinden
*der Spitzname,* ein Name, den man wegen seines Aussehens oder seiner Eigenschaften bekommen kann
*enthalten,* als Inhalt haben

kein Autor erkennt sich selbst wieder, wenn sein Stoff durch Franks Hände gegangen ist.«

Eines Tages war der Regisseur Frank am Apparat. Er sei zu einer Besprechung von Berlin nach Hamburg gekommen, sagte er, und er wünsche mich um vier Uhr im Büro der Grollig-Film zu sehen.

Besonders höflich fand ich ihn nicht. Sicher gehörte er zu denen, die zu rascher Ruhm zu der verkehrten Annahme verleitet hatte, Benehmen sei nur wichtig für gesellschaftliche und berufliche Anfänger. Dem würde ich es zeigen!

Ich zog mich langsam an und dann noch dreimal um. Zehn Minuten vor vier entschied ich mich für das sandfarbene Kostüm. Es war viel zu leicht für die Dezembertemperatur, aber es war neu.

Mit zwanzig Minuten Verspätung erreichte Drehbuchautorin Thomas das Hochhaus, in dem sich die Büros der Grollig-Film befanden. Meine Nase hatte noch nicht ihre *Froströte* verloren, da 'ließ Herr Frank bitten'.

Der Raum war niedrig, weit und hypermodern. Vor einem der *riesigen* Schiebefenster stand Herr Frank. Er war groß und grauhaarig und drehte sich bei meinem Eintritt nicht um.

»Guten Tag«, sagte ich laut und kühl.

Da wandte er sich aufreizend langsam ins Zimmer und sah mich an.

»Also doch – die 'Sprechstundenhilfe'!«

»Büffel –« konnte ich nur flüstern.

Büffel alias Herr Frank wies auf einen feuerroten Sessel. »Bitte.«

---

*die Froströte,* rote Farbe von der Kälte
*riesig,* sehr groß

das Kostüm

»Danke.«

»Cognac?«

»Bitte.« Ich saß da und sah nur auf meine Hände. Und es war schrecklich!

»Selbstverständlich bin ich zu Änderungen am Drehbuch bereit.« Meine Stimme klang so weit ab wie durch einen Telefonhörer beim Ferngespräch. Ich glaube wirklich, sie telefonierte aus der Unterwelt. Wenn doch nur alles ein Traum gewesen wäre!

Aber der Mann vor mir am Schreibtisch war Wirklichkeit. Die Zigarettenspitze zwischen seinen Zähnen ging hin und her. Plötzlich begann ich logisch zu denken. Ich dachte: Wenn ein Mann, der sich bei der ersten Begegnung als Gewalttäter gezeigt hat, schweigt, wenn er

Grund zu Gewalttätigkeiten hat, wenn dieses Schweigen dazu endlos dauert, so muß es die Stille vor einer schrecklichen Gewalttat sein. Ich wollte weg.

Frank stand noch immer am Schreibtisch, kaute an seiner Zigarettenspitze, und wenn ich meinen Augen glauben durfte, zog ein breites *Grinsen* seinen Mund auseinander. Zuerst begannen seine Schultern zu zittern, dann der ganze Herr Frank.

Ich glaube, ich habe noch niemals einen Menschen so lachen sehen. Er brüllte, hustete, hob entschuldigend die Hände. Tränen liefen über sein Gesicht.

Ich setzte mich wieder in den roten Sessel und wartete, bis er sich beruhigt hatte.

»Selbstverständlich streiche ich die Rolle aus dem Drehbuch.«

»Welche Rolle, bitte?« fragte er, während er seine naßgelachten Brillengläser putzte. »Den *trotteligen* Büffel? Das wäre wirklich schade. Sie ist Ihnen so gut gelungen! Die einzige, die Ihnen gut gelungen ist. Woher haben Sie überhaupt meinen Spitznamen?«

»Ihr Freund nannte Sie so.«

»Richtig, mein Freund Berner.« Frank grinste.

»Er scheint großen Eindruck auf Sie gemacht zu haben.«

»Wieso?« fuhr ich auf.

»Nun, Sie haben ihm in Ihrem Buch immerhin die Rolle des Liebhabers gegeben, der am Happy-End die Sprechstundenhilfe heiratet.«

»Ich habe dabei üüüüüberhaupt nicht an Ihren Freund Berner gedacht«, schrie ich, zu spät denkend, daß zu lau-

---

*grinsen,* breit lächeln
*trottelig,* ein bißchen dumm

22

te Verteidigung nach schlechtem Gewissen klingt. »Wie kommen Sie dazu –«

»– wie komme ich überhaupt dazu, Paul Frank alias Büffel zu sein«, vollendete er mit schwachem Lächeln. Der fröhliche Anfall vorhin schien ihn sehr erschöpft zu haben. »Das Leben schreibt nun einmal die besten Gags. Um auf meinen Freund zu kommen –«

»Ich versichere Ihnen –«

»Sagen Sie lieber nichts. Berner ist ein sehr netter Kerl, und das Netteste an ihm ist, daß er nicht einmal weiß, wie gut er aussieht.« Das Haustelefon unterbrach die *peinliche* Unterhaltung. Frank nahm den Hörer ab.

Ich stand auf, um zu gehen, aber er winkte mich energisch zurück.

»So, Frank junior will mich sprechen?« Er lachte, und auf einmal sah er gut und sympathisch aus. »Gut. Verbinden Sie.«

Er nahm den Hörer des anderen Telefons auf. »Pips? Ja, Tag, mein Sohn. Was willst du? Wer hat *gekündigt?* Schrei nicht so, ich kann dich gut verstehen. Also, Ella hat gekündigt. Warum? Hast du sie geärgert? Wer – ich? Blödsinn. Sie ist schon fort?« Frank klopfte nervös mit der Zigarettenspitze auf die Tischplatte. Undeutlich hörte ich eine Jungenstimme am Apparat. »Auf keinen Fall!« rief er.

»Du kannst nicht herkommen. Weil es nicht geht. Du darfst nicht einfach aus der Schule bleiben. Was? Grippeferien? Pips, wenn du schwindelst, weißt du, was geschieht. Bitte Frau Schneider, daß sie für dich und Püppi sorgt. – Geht nicht? – P i p s !«

---

*peinlich,* unangenehm
*kündigen,* einen Job aufgeben

Er sagte zu mir hin: »Unser Mädchen ist davongelaufen und mein Sohn vom Haushaltsgeld nach Hamburg gefahren. Ich dachte zuerst, er telefoniere von Berlin aus, aber er ist schon am Hauptbahnhof.« Und dann streng ins Telefon: »Nimm dir ein Taxi und komm her.« Dann *hängte* er *ein* und brachte mich zur Tür.

»Herr Frank, Ihr Freund Berner –« begann ich noch einmal.

»Ich weiß, ich weiß, Ähnlichkeiten mit lebenden Personen in Ihrem Drehbuch sind rein zufällig«, unterbrach er mich.

»Ja.«

»Auch, was die Büffelrolle betrifft.«

»N-nein, da nicht ganz.«

Er reichte mir die Hand mit einem undefinierbaren Lächeln.

»Auf Wiedersehen, Frau Thomas. Ich bin sicher, daß wir noch viel Freude aneinander haben werden.«

»Wie meinen Sie das?« fragte ich mißtrauisch.

»So, wie Sie es verstehen wollen.«

Ein Taxi fuhr vor. Heraus kam ein Junge von etwa elf Jahren mit einer übervollen Reisetasche, aus der ein gestreiftes Pyjamabein heraussah.

Er setzte die Tasche ab und beugte sich noch einmal in den Wagen.

»Komm, Püppi«, rief der Junge ins Innere des Wagens.

Und dann stieg würdevoll und sehr langsam ein mächtiger *Bernhardiner* auf den Gehsteig.

---

*einhängen,* ein Telefongespräch beenden
*der Bernhardiner,* große Schweizer Hundeart

»Den hätte ich auch Püppi genannt«, meinte der Taxichauffeur.

Der Junge überhörte diese Bemerkung. »Wieviel habe ich zu bezahlen?«

»Vier Mark fünfzig.«

»Ich habe nur zwanzig Mark. Können Sie wechseln?«

»Aber gewiß, mein Herr«, sagte der Taxichauffeur. Er
spielte so schön mit, dafür mochte ich ihn gern.

»Du bist Pips Frank, nicht wahr?«

Der Junge schaute mich aus breitgeschnittenen, hel-
len Augen abweisend an. »Ja«, sagte er endlich, »und
Sie?« Er sah in diesem Augenblick seinem Vater sehr
ähnlich, hatte auch dessen Talent, mich mit zwei Worten
in Wut zu bringen.

Pips ging mit seinem schweren Reisebegleiter, von
dem er am Telefon nichts gesagt hatte, auf das Portal zu.

Der Gedanke an Franks Überraschung bei Püppis Anblick half meiner niedergeschlagenen Stimmung wieder auf die Beine.

Aber dieser Tag war damit noch nicht zu Ende. Kaum hatte ich zu Hause mein schönes Kostüm in den Schrank gehängt, als mich Lucie Krämer, die Frau des Produktionschefs, anrief und für den Abend zu einer kleinen Party einlud. »Paul Frank und Jürgen kommen auch. Es ist Ihnen doch recht?« Ich hatte nichts dagegen. Es war sogar sehr gut, daß Jürgen heute abend auch da sein würde. Wenn Frank sah, wie herzlich mein Verhältnis zu meinem früheren Verlobten war, müßte er seine Vermutung, ich sei in Freund Berner verliebt, fallenlassen.

Unter den ersten Gästen befand sich ein Fräulein Dr. phil. Schuster, die auch mit Karin gut bekannt war. Aus ihrem kühlen Benehmen mir gegenüber lernte ich meinen neuen 'Stand': Bis vor kurzem war ich die verlassene, arme Verlobte, der die gewissenlose Karin den Mann weggenommen hatte. Jetzt war ich die böse Rivalin, für die sich der Zukünftige der armen Karin wieder interessierte.

Außer der Begrüßung wechselten Frank und ich kein Wort, und ich vergaß fast, daß er die Person war, die mir im Augenblick die meisten Probleme gab.

»Wo haben Sie denn Ihren Junior gelassen?« fragte ihn Krämer.

»Im Hotelzimmer eingeschlossen und dem Portier Befehl gegeben, ihm das Betreten der Straße nicht zu erlauben. Wir trennten uns nämlich etwas verärgert, und es besteht die Möglichkeit, daß Pips aus Wut über seinen Vater nach Kanada auswandert.«

»Glauben Sie, daß der Rest des Haushaltsgeldes für die Überfahrt reichen wird?«

Frank sah Krämer kopfschüttelnd an. »Man merkt, daß Sie schon lange nicht mehr elf Jahre alt waren, sonst würden Sie wissen, daß man nach Kanada nur als blinder Passagier fährt.«

Ich unterhielt mich gerade mit einem Kameramann, als Jürgen hereinkam.

»Guten Abend, alle miteinander! Ist das ein Qualm hier. Ah, da sitzt ja auch meine Julie. *Grüezi, Grüezi,* liebes Putzeli! Julie hat's nämlich mit den Schwyzer Grübchen«, erklärte er den Anwesenden.

»Idiot!« sagte ich leise.

»Wieso? Stimmt's etwa nicht?« fragte er dagegen.

Alle sahen mich interessiert an, alle außer Frank. Er saß vornübergebeugt in seinem Sessel, die Zigarettenspitze zwischen den Zähnen. Er grinste, und ich haßte ihn in diesem Augenblick. Ich holte tief Luft und sagte: »Jawohl, Jürgen, es stimmt, aber es sollte noch niemand wissen. Ich – werde bald heiraten, einen Schweizer. Zu Weihnachten verloben wir uns in Zürich.«

Von allen Seiten gratulierte man mir. Günter Krämer sah in meiner 'Verlobung' einen Grund, Sekt kalt zu stellen.

Frank nahm sogar die Zigarettenspitze aus dem Mund, als er mir die Hand gab. »Herzlichen Glückwunsch, Frau Thomas!«

»Sie sehen, es gibt noch mehr interessante Schweizer außer Ihrem Freund Berner.«

»Daran habe ich nie gezweifelt«, sagte er mit unergründlichem Lächeln.

---

*Grüezi,* schweizerisch: guten Tag

Ich hatte meinen Triumph. Jetzt würde er nie mehr grinsen können, wenn die Rede auf seinen Freund käme. Ja, ich hatte meinen Triumph, aber nicht an seine Folgen gedacht. Der ersten begegnete ich, als ich Jürgen ansah. Er war blaß vor Schreck.

Das Glückliche-Braut-Lächeln schmerzte auf einmal so sehr in meinen Wangen, daß ich es am liebsten durch ein Weinen abgelöst hätte.

»Du bist wirklich ein Idiot, Jürgen«, sagte ich.

Wurde das noch ein heiterer Abend für die anderen! Ich mußte Fragen beantworten.

»Wie sieht er aus?« »Was ist er?« »Hat er Geld?« »Kennen Sie schon seine Familie?« »Wann wollen Sie heiraten?« »Kennen Sie Zürich?« »Wo wohnt er dort?« Diese letzte Frage stellte Fräulein Dr. Schuster, und ihre Beantwortung hätte mein Lügengebäude fast zerstört.

»Er wohnt in der Kaiserstraße«, sagte ich auf gut Glück. Kaiserstraßen gibt es fast überall, warum nicht in Zürich.

»Kaiserstraße? Kaiser –« überlegte Fräulein Schuster. »Kenne ich nicht, obwohl ich in Zürich zwei Jahre gelebt habe.«

»Es ist eine ganz neue Straße«, sagte ich schnell.

»Unmöglich. Die Schweiz ist eine *Eidgenossenschaft* und hat keinen Kaiser gehabt, folglich kann es auch keine Kaiserstraße geben.«

Ich wollte gerade den ich weiß nicht wievielten Tod an diesem Tage sterben, als mir von einer Seite geholfen wurde, von der ich es zuallerletzt erwartet hätte.

---

*die Eidgenossenschaft,* der Zusammenschluß der Schweizer Kantone

»Es gibt eine«, sagte Frank. »Sie führt zum *Dolder* hinauf, schreibt sich mit Ypsilon und ist nach dem Zoologen Hieronymus Kayser benannt.«

»Aber –« begann Fräulein Schuster noch einmal, doch Frank unterbrach sie mit einem freundlichen Lächeln.

»Ich war zuletzt vor zwei Wochen in Zürich.«

Ich wußte nicht, ob ich Büffel nun dankbar sein mußte, weil er mir geholfen hatte, oder ob ich ihn weiterhassen durfte. Dieser Haß war das einzige, was mich aufrecht hielt.

»Wie werden Sie denn heißen, wenn Sie verheiratet sind?« wollte Lucie Krämer wissen. Wie ich heißen würde? – Lieber Himmel, gab es denn kein anderes Thema als diese dumme Verlobungslüge!?

»Uri –« sagte ich. Der Name war mir als Schweizer Kanton mit drei Buchstaben aus zahlreichen Kreuzworträtseln und aus dem »Wilhelm Tell« bekannt. Er konnte auf keinen Fall falsch sein.

Niemand sagte etwas, nur ein leises Geräusch wurde von dort hörbar, wo Frank saß. Er hatte eine Ecke vom Mundstück seiner Zigarettenspitze abgebissen. Sein Gesicht war rot geworden – lachte er etwa?

Wie gesagt, für die anderen war es ein sehr unterhaltsamer Abend. Und das Schlimmste war: die beiden Männer, die mich in die ausweglose Lüge getrieben hatten, waren plötzlich *ein Herz und eine Seele;* sie machten noch einen *Nachtbummel* über die *Reeperbahn.*

Allen verstandesmäßigen Überlegungen zum Trotz

---

*der Dolder,* Berg bei Zürich
*ein Herz und eine Seele sein,* sich gut verstehen
*der Nachtbummel,* hier: Besuch von mehreren Restaurants
*die Reeperbahn,* Vergnügungsviertel in Hamburg

beschloß ich, Herrn Uri nicht sterben zu lassen, sondern meine Verlobung mit ihm Weihnachten in Zürich zu feiern. Am nächsten Tag erzählte Jürgen mir, daß Frank zu Weihnachten auch in die Schweiz fahren wolle, zu seinem Freund, der in St. Moritz ein Hotel habe. »Er kann dich doch in seinem Auto mitnehmen, dann sparst du Fahrgeld.« Frank und ich verabredeten uns für den 23. Dezember morgens 11 Uhr im Bahnhofsrestaurant in Hannover.

# Fragen

1. Welchen Beruf hat Julia?

2. Warum ist ihr die Begegnung mit dem Filmregisseur Frank so peinlich?

3. Wer ist Pips und warum kommt er von Berlin nach Hamburg?

4. Warum erfindet Julia die Lüge von der Verlobung mit Herrn Uri?

# III

Am 23. Dezember früh um acht Uhr stieg ich in den D-Zug Richtung Hannover. Zwei Minuten später saß ich im *Speisewagen* und blickte auf das vorbeiziehende Hamburg. Tristes Alltagsgrau mit papierdünner Schneedecke auf einigen Dächern.

Ich fand es auf einmal gar nicht mehr tragisch, Hamburg verlassen zu müssen. Ich fand es geradezu großartig, daß Juliane Thomas – bereits um acht Uhr früh von oben bis unten feingemacht – im warmen Speisewagen saß, eingehüllt in köstlichen Kaffeeduft – »Ein *Gedeck* mit Ei, vier Minuten gekocht, bitte« – und in die Schweiz fuhr.

Nach dem Frühstück zog ich Schweizer *Prospekte* aus der Tasche, die ich im Reisebüro geholt hatte. Es war gewiß kein Fehler, sich über das Land seines 'Verlobten' zu informieren, und ich wollte auch für alle möglichen

das Gedeck

der Speisewagen            der Prospekt

Fragen, die Frank auf der Fahrt stellen könnte, eine glaubwürdige Antwort bereit haben.

Ich war sehr genau, schrieb alle möglichen Fragen auf ein Papier und suchte ihre Antworten aus den Prospekten zusammen:

Wo werden Sie in Zürich wohnen? – Herr Uri hat für mich im Baur au Lac ein Zimmer bestellt. Es ist das erste Hotel der Stadt.

Bleiben Sie über Neujahr in Zürich oder werden Sie woanders hinreisen? – Uri schrieb mir, daß wir an den *Vierwaldstätter* und *Zuger See* und selbstverständlich auch zum *Rigi* hinauffahren wollen.

Im ganzen schrieb ich zehn Fragen mit Antworten zusammen. Als ich in Hannover ausstieg, konnte ich die Prospekte auswendig hersagen, auch die Hotelpreise, Berghöhen und Küchenspezialitäten.

Die Franks waren nicht pünktlich. Erst am Nachmittag stand Paul Frank schuldbewußt vor meinem Tisch: »Können Sie mir noch einmal verzeihen? Ich hatte nicht mit so starkem Weihnachtsverkehr gerechnet. – Wir fahren heute bis Heidelberg und übernachten dort.«

Wenn er wollte, brachte dieser Mann sogar menschliche Töne heraus.

Vor dem Bahnhofsgebäude parkte Franks Wagen, ein wirklich lustiger Anblick mit den Ski auf dem Dach, gelben Koffern, karierten Plaids und den beiden sportlich gekleideten Männern.

---

*der Vierwaldstätter See,* See in der Schweiz
*der Zuger See,* See in der Schweiz
*der Rigi,* Berg in der Schweiz

Pips saß vorne im Wagen und studierte eine Autokarte.

»Los, mein Sohn, steig aus und begrüße Frau Thomas.«

Pips faltete betont langsam die Autokarte zusammen und bequemte sich umständlich ins Freie. Eine Menge *stroh*blonder Haare hing ihm in die Stirn. Er schielte daran vorbei zu mir heraus. »Ach – Sie sind das? Sie haben mich doch mal in Hamburg angesprochen.«

»Möchten Sie lieber vorn oder hinten sitzen?« rief Frank um den Wagen herum. Pips sah mich drohend und ängstlich zugleich an. Seine Augen sagten:

---

*das Stroh*, siehe Zeichnung auf Seite 36

Sei froh, wenn wir dich überhaupt mitnehmen!

»Hinten«, sagte ich folgsam.

Er atmete hörbar erleichtert, ging noch einmal mit prüfendem Blick um den großen, schwarzen Wagen herum und stieg als letzter ein. »Alles klar, Chef.«

Während der nächsten Stunden hatte ich Gelegenheit, die beiden Frankschen Hinterköpfe zu studieren – den hohen, silbergrauen und den blonden, der während der Fahrt immer tiefer sank.

Wenn Pips überhaupt einmal den Mund aufmachte, dann faltete ich die Hände, denn er sagte vorwurfsvoll: »Paps, Mensch, du *kriechst* ja!«

Paps' 'Kriechen' bestand – wie ich nach einem erblassenden Blick auf den Tachometer feststellen mußte – in einem durchschnittlichen Hundertdreißig.

Warum hatte er es so eilig!? Ich konnte Zürich sehr gut erwarten. Aber natürlich, die beiden wollten zum *Heiligen Abend* in St. Moritz sein. Die beiden hatten ja ein Ziel, das nicht nur ausgedacht war.

Pips drehte am Radio von Tanzmusik zu Tanzmusik und aß unaufhörlich Süßigkeiten.

Mir wurde schlecht vom bloßen Zusehen.

Ab und zu gab er seinem Vater fahrtechnische Ratschläge. Wollte ich nach Pips' Benehmen meine Existenz beurteilen, so war ich überhaupt nicht da. Er übersah mich völlig.

Einmal versuchte ich ein Gespräch mit ihm.

»Wo hast du denn Püppi gelassen?«

---

*kriechen,* im Schneckentempo fahren
*der Heilige Abend,* der 24. Dezember

»Der versüßt unseren Nachbarn zu Hause das Weihnachtsfest«, antwortete Frank für seinen Sohn. »Aber er hat uns einen *Talisman* mit auf die Reise gegeben.« Er tippte gegen ein *Büschel* roter und weißer *Haare,* die, mit einem Goldbändchen zusammengebunden, vor der *Windschutzscheibe* hingen.

»Ich habe noch mehr Talismänner mit«, sagte Pips und zog Kostbarkeiten aus seiner Hosentasche: einen reitenden *Mexikaner aus Stroh,* eine *Muschel* mit bräunlichem Überzug, den ich für aufgeweichte Schokolade hielt, und einen angefressenen Teddy aus Zuckergummi, dessen Staubfarbe Büffel einfach schrecklich fand. Selbstverständlich zeigte er diese Talismane nicht mir, sondern ausschließlich seinem Vater. Wie gesagt – ich war überhaupt nicht für ihn da.

Frank steckte sich nach dem Essen eine Zigarette an.

»Ich freue mich auf St. Moritz. Hoffentlich haben wir Schnee und Sonne.«

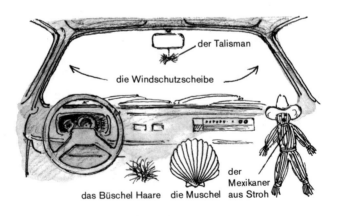

der Talisman

die Windschutzscheibe

das Büschel Haare   die Muschel   der Mexikaner aus Stroh

»Und ich freue mich auf Zürich.«

»Kunststück«, lachte er, »Herr Uri wartet sicher schon auf Sie.«

»Und wie!« Auf einmal wünschte ich, daß es wirklich diesen Herrn Uri gäbe, der auf mich wartete. Er hätte auch Berner heißen können – ich war gewiß nicht dagegen.

Frank betrachtete mich aufmerksam durch seine dicke Brille. Plötzlich grinste er.

Ich stand auf, um dorthin zu gehen, wo man in feinen Romanen niemals hingeht. Pips folgte mir. Er musterte mich abschätzend. »Können Sie Ski laufen?«

»Ja, aber ich bin aus dem Training.«

»Ich kann ganz gut«, sagte Pips.

Nach dieser kurzen Unterhaltung hatte ich das Gefühl, daß er mich ernst zu nehmen begann. Und das freute mich, denn als Frau ohne Sportmedaillen einem Jungen von elf Jahren zu gefallen, ist gar nicht so einfach.

»Mummi war eine prima Skiläuferin«, sagte Pips, »aber sie kam ja auch aus Norwegen, und da lernen die Kinder eher Ski als richtig laufen.« Diese Bemerkung über seine Mutter erschien ihm wohl doch zu privat. Er riß darum die Tür zur Gaststube auf und sagte kurz:

»Los, kommen Sie.«

Frank zahlte gerade, als wir an den Tisch traten. Er reichte mir meine Handtasche und Pips seine großkarierte Sportjacke.

»Zeit zum Weiterfahren«, sagte er, und um seinen Mund war wieder dieses Grinsen, das mir unheimlich war, weil ich es mir nicht erklären konnte.

Hinter Frankfurt gehörte uns die Autobahn allein. Das

gleichmäßige Brummen des Motors machte mich müde.

Pips hatte sich zusammengerollt und schlief fest. Es war ein angenehmer Zustand zwischen Wirklichkeit und Traum. Es gab nur unsere kleine Welt, bestehend aus Wärme, einem schlafenden Jungen, leiser Musik und einem Mann, der diese kleine Welt sicher und schnell von grauen, frierenden Städten fort in die schneeweißen Schönheiten der Schweiz steuerte.

»Meinetwegen könnte ich so bis Zürich durchfahren.«

»Wo werden Sie dort wohnen?«

Diese Frage gehörte zu denen, auf die ich mich präpariert hatte: »Herr Uri hat für mich im Baur au Lac ein Zimmer bestellt. Es ist das erste Hotel der Stadt.«

»Ein herrliches Hotel«, nickte Frank, »aber ganz hübsch teuer. Ihr Herr Uri scheint viel Geld zu haben.«

»O ja.«

Männer, die nur in der Phantasie existieren, haben immer sehr viel Geld.

»Werden Sie über Neujahr in Zürich bleiben, oder reisen Sie noch woanders hin?«

Auch für diese Frage hielt ich eine Antwort bereit. Es klappte einfach großartig.

»Uri schrieb mir, daß wir an den Vierwaldstätter und Zuger See und – und – eh –«

»– und selbstverständlich auch zum Rigi hinauffahren wollen«, vollendete Frank glatt.

»Woher wissen Sie?« fragte ich erstaunt, denn so endete der aufgeschriebene Satz, den ich im Augenblick vergessen hatte.

Ich griff rasch nach meiner Handtasche. Gott sei Dank, mein Zettel mit den aufgeschriebenen Prospektweisheiten war noch da.

»Ein Rigibesuch gehört nun mal zu einem längeren Aufenthalt in Zürich«, sagte Frank.

Gegen acht Uhr wachte ich am nächsten Morgen im Heidelberger Hotelzimmer auf.

Von der Straße klang das Geräusch an- und abfahrender Autos herauf.

Im Nebenraum bei den Franks hörte ich laute, heftige Stimmen. Eine Tür knallte zu. Über den Flur gingen eilige Schritte. Dann war es still.

Ich schob die Hände unter den Kopf und tat das, was ich seit dem gestrigen Mittag vermieden hatte: ich dachte nach. Heute war der 24. Dezember. Heiligabend. Heute mittag würden wir in Zürich sein. Zehn einsame Tage mit langen Spaziergängen und Postkartenschreiben lagen vor mir. Auf den feiertäglichen Gesichtern der Passanten würde ich lesen, daß Weihnachten war.

Endlich stieß ich die Decke zurück und stand auf.

Im Frühstückszimmer saß Frank und blätterte in einer Zeitung.

»Wo ist Pips?« fragte ich nach der Begrüßung.

»Ab nach Kanada«, grinste er, aber sein Grinsen war nicht gutartig.

»So – bloß nach Kanada. Dann wird er ja bald zurückkommen. Sie hatten eine Meinungsverschiedenheit heute früh?«

»Woher –«

»Es war nicht zu überhören.«

Frank klopfte wütend mit dem Löffel gegen sein gekochtes Ei. Armes Ei, dachte ich.

»Ich habe ihm eine gelangt, worauf er mir erklärte, daß er mich satt habe und auswandern will«, sagte er.

»Haben Sie ihn sehr geschlagen?« fragte ich und hielt

mir bei der bloßen Vorstellung die Backe. Wo dieser Mann hinschlug, da wuchs gewiß ein Bluterguß. »Ich möchte keine Schläge von Ihnen.«

»Sie halten mich für sehr gewalttätig?«

Ich nickte.

»Komisch.«

Er lächelte einen Augenblick ins Leere.

»Das haben mir schon mehrere Frauen gesagt. Pips' Mutter war klein und zart, aber sie hatte keine Angst vor mir.«

»Pips' Mutter ist schon lange tot?« fragte ich.

»Seit drei Jahren.«

Um zehn Uhr war Pips noch immer nicht aus 'Kanada' zurück. Wir suchten ihn in der ganzen Stadt.

»Am besten, Sie fahren mit dem Zug weiter, wenn wir Pips nicht rechtzeitig finden«, sagte Frank.

Das war mir gar nicht wichtig, aber ich widersprach nicht.

Frank bog vom tannengeschmückten Markt in die Schloßstraße ein.

»Schon möglich, daß er seine Liebe zur Renaissance entdeckt hat und das Schloß besichtigt«, überlegte er, während wir den Berg hinauffuhren.

Wir ließen den Wagen auf dem Parkplatz.

»Wenn ich den *Lümmel* zu fassen kriege –« knirschte Frank.

Plötzlich hörte ich eine Altmännerstimme durch die glasklare Stille zittern:

---

*der Lümmel,* ein frecher Junge

»Das war der Zwerg *Perkeo* im Heidelberger Schloß,
an Wuchse klein und *winzig,* an Durste riesengroß.
Man schalt ihn einen Narren, er dachte: Liebe Leut,
wärt ihr wie ich doch alle feucht-fröhlich und ge-
scheut.«

Wir gingen dem Gesang nach, und vor mir stand ein
alter Herr und sang wohlartikuliert für Pips Frank das
Lied vom Zwerg Perkeo.

Der Junge hörte halb skeptisch, halb *verlegen* zu.

»Sie glauben doch wohl selber nicht, daß der kleine
Zwerg das *Riesenfaß* ganz allein *ausgesoffen* hat?« fragte
Pips schnell, ehe der Alte mit der nächsten Strophe be-
ginnen konnte.

»Mein Junge, ist es bei einer Geschichte, die lange zu-
rückliegt, so wichtig, ob sie wirklich passiert ist oder
nicht? Die Hauptsache, sie gefällt einem.« Pips bemerkte
uns jetzt und rief vorwurfsvoll: »Wo wart ihr denn? Ich
hab euch vorhin vergebens im Hotel gesucht, und da bin
ich aufs Schloß gegangen.«

Er reichte dem alten Mann mit dem freundlichen
Weihnachtsmanngesicht die Hand und sagte: »Ich muß
jetzt nach Moritz fahren. Vielen Dank, daß Sie mir das
Schloß gezeigt haben, und – frohe Weihnachten.«

Franks Ärger verging in mundoffenem Staunen, als er
seinen Sohn so wohlerzogen reden hörte.

---

*Perkeo,* Name des Zwerges, der als Hofnarr die Aufgabe hatte, das
Faß zu bewachen. Es wird erzählt, daß er selbst sehr viel aus diesem
Faß getrunken hat
*winzig,* sehr klein
*verlegen,* unsicher
*das Heidelberger Faß,* in dem Schloß gibt es ein sehr großes Faß, in
dem im Mittelalter Wein aufbewahrt wurde
*aussaufen,* leer trinken

PERKEO

»Ich wünsche dir ein gesegnetes Fest«, sagte der alte Herr zu Pips und sagte mit einem freundlichen Seitenblick auf uns noch: »Deinen Eltern auch.«

Pips riß den Mund auf: »Frau Thomas ist nicht meine –« aber dann sagte er nichts mehr.

»Wie bitte?« fragte der alte Herr.

»Ach, nichts weiter.«

Ich erwartete, daß nun die väterliche Strafrede folgen würde, aber nein.

»Wer war der alte Herr?« fragte Frank den nachdenklich zwischen uns wandernden Pips.

»Weiß nicht. Ich traf ihn hier im Hof.«

»Vielleicht war es der Weihnachtsmann«, überlegte ich.

»Schon möglich, aber singt der am Heiligabend das Lied vom Zwerg Perkeo, der sich zu Tode getrunken hat?« meinte Frank dagegen.

»Es gibt ja keinen Weihnachtsmann«, lachte Pips uns aus.

»Wenn du erst so alt wie dein Vater bist, dann fängst du wieder an zu glauben, daß es einen gibt.« Franks Stimme klang sehr nachdenklich.

Ich blickte verwundert zu ihm auf. Ein elegischer Büffel war mir neu.

Es war nach drei Uhr, ehe wir an die Weiterfahrt denken konnten – zu spät für die Franks, um noch rechtzeitig den Heiligen Abend in St. Moritz zu feiern, aber: »– noch nicht zu spät für Ihre Verlobung, Frau Thomas. Wir werden rechtzeitig in Zürich sein«, sagte Büffel, und dann sagte er – ich glaubte, ich höre nicht recht: »Wenn Sie Mitleid mit uns haben, laden Sie uns zu Ihrer Feier ein. Schließlich können Sie doch nicht zwei einsame Männer an diesem Abend in einem Hotelzimmer lassen!«

»Die Uris –« begann ich verzweifelt.

»Ja?«

»Also die Uris – wissen Sie, die sind sehr konservativ und –«

»Oh, ich habe einen Smoking mit.«

»Das meine ich nicht, sondern –«

»Pips benimmt sich bestimmt anständig.«

»Gibt's hinterher Eis und Pudding?« fragte Pips.

»Die Uris werden es gewiß – nun, komisch finden, wenn ich mit einem fremden Mann und seinem Sohn…«

»Dann machen Sie uns als Vetter und Neffen bekannt.«

»Aber ich mag nicht lügen.«

»Nein?«

»Nein.«

»Nie?«

»Es ist das beste, wenn ich von hier mit Zürich telefoniere.«


Ich erfand eine herzzerreißende Geschichte: »Ich habe eben mit – Zü-hü-rich – gesprochen – Uri hat gestern versucht, mich in Hamburg anzurufen – a-ha-ber – ich war schon weg.«

»Aber, aber, was ist denn, weinen Sie doch nicht so.«

»Sein Vater ist ge-he-stern früh ge-sto-ho-rben. In Sizilien. Uri muß natürlich hin. Kann nicht auf mein Kommen warten. Verlobung ist jetzt erst zu O-ho-stern.«

»Ostern ist ja bald«, sagte Frank. Er schien nicht besonders traurig zu sein.

»Was machen wir nun mit Ihnen? Wollen Sie trotzdem nach Zürich oder nach Hamburg zurück oder – warten Sie mal, ich habe eine Idee. Kommen Sie mit nach St. Moritz!«

Mit dieser Möglichkeit hatte ich nicht mal in meinen schönsten Träumen gerechnet. Kein einsames Weihnachten in Zürich. Dafür St. Moritz! Berner! Ich würde schon morgen bei Berner sein!!

Es gab noch einen freundlich lächelnden Weihnachtsmann für Julchen Thomas.

»Kommen Sie mit?« fragte Frank.

»Ja – fh.«

»Dann hören Sie auf zu weinen.«

Am Nachmittag ging jeder für sich aus. Es war genauso wie in jeder anderen Stadt um diese Zeit kurz vor dem Fest.

Und dann traf ich Pips. Er stand neben einem *blinden Harmoniumspieler* und betrachtete mit ernstem, verfrorenem Gesicht dessen *Schäferhund,* der unbeweglich wie eine Sphinx zwischen zwei Pferdedecken lag. Der Blinde spielte »*Stille Nacht, heilige Nacht*«, und Pips zog aus seiner Manteltasche einen *Groschen,* den er in den Teller auf dem Harmonium legte.

»Ich habe zu Hause einen Bernhardiner –«, sagte er halblaut zu dem Blinden, dann sah er mich.

»Was Püppi wohl macht? Wir waren Weihnachten noch nie zusammen.«

Am Heiligabend sind selbst harte Männer von elf Jahren für 'Sentimentalitäten‘ zugänglich, darum wagte ich den Vorschlag: »Wollen wir fürs Hotelzimmer ein Tannentöpfchen und Kerzen kaufen?«

---

*der blinde Harmoniumspieler, der Schäferhund,* siehe Zeichnung auf Seite 46
»*Stille Nacht . . .*«, Anfang eines Weihnachtsliedes
*der Groschen,* ein Zehnpfennigstück

der blinde
Harmoniumspieler

der Schäferhund

Pips überlegte einen Augenblick. »Nee, lieber nicht, sonst ist Paps den ganzen Abend ungemütlich. Heiligabend ist Paps nicht besonders nett.«

Vor einem *Souvenirgeschäft* kam plötzlich Leben in Pips. Die *Fensterauslage* war angefüllt mit »Grüßen aus Heidelberg« in Gips, Porzellan und Holz: Nachbildungen des brennenden Schlosses und Zwerg Perkeo in allen Größen und Preislagen.

»Schön, nicht?« sagte er.

Ich drehte meinen Geschmack um achtzehn Jahre zurück und mußte ihm recht geben. Diese Perkeos waren wundervolle Talismane für die Hosentaschen.

»Lauf mal zum Briefkasten und steck meine Post ein«, bat ich ihn und kaufte eilig einen Perkeo mittlerer Preislage.

Um sieben Uhr wollten wir uns mit Frank in der Hotelhalle treffen. Er saß bereits im dunklen Anzug, halbverdeckt von einer aufgeschlagenen Zeitung, in einem Sessel, als wir eintraten. Frank trank mit einem Zug ein Glas Cognac aus. Seinen geröteten Augen sah man an, daß es nicht das erste war. »Zieht euch rasch um, ich habe Hunger.«

»So *brummig* ist er Heiligabend immer«, sagte Pips, als wir zu unseren Zimmern hinauffuhren. »Aber man darf ihm nicht böse sein deswegen. Paps hat nun mal Angst vor Feierlichkeiten.«

Frank besaß wirklich einen verständnisvollen Sohn, der erst seine eigenen bunten, frohen Vorstellungen von

die Fensterauslage

das Souvenirgeschäft

---

*brummig,* unfreundlich

Weihnachten runterschluckte und dazu noch eine Entschuldigung für seinen mißgelaunten, feigen Vater fand. Ich hatte kaum meine Zimmertür hinter mir geschlossen, da wurde sie von außen aufgerissen.

»Kommen Sie mal«, sagte Pips.

Auf seinem Nachttisch stand ein kleiner Tannenbaum mit dünnen, schiefen Kerzen. Auf dem Bett daneben lagen eingewickelte Päckchen.

Ich dachte an Büffel, der elegant und voller Cognac unten in der Hotelhalle saß. Am liebsten wäre ich zu ihm gelaufen, hätte ihn an den Schultern gepackt und richtig geschüttelt: »Mut, Mann! Komm herauf und guck dir an, wie sehr Pips sich freut und freu dich auch ein bißchen.«

»Hier ist ein Päckchen für Sie.« Pips gab mir einen Karton, auf dem mein Name stand. Darin war ein Parfum, »Engagement« genannt. Frank hatte selber davor »Zürcher« geschrieben.

»Zürcher Verlobung« – jetzt hatte meine Schwindelei sogar schon einen Duft!

In Pips' Päckchen waren nützliche Geschenke – Skipullover, Handschuhe, karierte Strümpfe, ein Anorak ...

»Und die Ski hab ich auch neu gekriegt und viele Bücher«, erzählte er voll Freude.

Ich zog Perkeo aus der Tasche und stellte ihn unter das Weihnachtsbäumchen. Pips, der mich beobachtet hatte, wurde dunkelrot, knisterte mit dem Einwickelpapier auf seinem Bett und schielte von Zeit zu Zeit auf den Zwerg. Schließlich nahm er ihn in die Hand.

»Als Talisman«, sagte ich genauso verlegen wie er.

»Danke«, sagte Pips.

Es wurde doch noch ein schöner Weihnachtsabend für uns drei. Und ich vergaß ganz, daß ich mich auf ein Wiedersehen mit Berner freute.

Als ich kurz nach Mitternacht mein Zimmer betrat, fand ich auf meinem Kopfkissen den zerdrückten Mexikaner aus Stroh, der die Reise von Berlin nach Heidelberg in Pipsens Hosentasche mitgemacht hatte.

St. Moritz war schon schlafen gegangen. Nur in den großen Hotelpalästen, die schwarz gegen den blauen Schnee standen, brannte noch vereinzelt eine Lampe. Frank stoppte den Wagen, drehte die Fensterscheibe neben sich herunter und atmete tief. »Schön?«

»Ja«, sagte ich, »aber dieses Lüftchen weht weit über meine Verhältnisse. Wenn ich bedenke – mit meinen begrenzten Finanzen fahre ich leichtsinnig in den teuersten Schnee Europas!«

»So fängt jeder *Hochstapler* mal an«, nickte Frank. Wir kamen in eine enge Gasse und hielten vor einem schwach beleuchteten Hoteleingang.

Heraus kam ein freundlicher dicker Mann, der zuerst Frank, dann Pips begeistert und herzlich begrüßte.

»Ich habe eine gute Bekannte aus Hamburg mitgebracht«, sagte Frank und half mir aus dem Wagen. »Mein Freund Veit Lauffer – Frau Thomas. Du hast doch hoffentlich noch ein Zimmer für sie frei?«

Veit Lauffer? Lauffer, nicht Berner? Aber das war doch nicht möglich, das durfte doch nicht wahr sein!

Meine Blicke gingen fragend zu Frank. Er schob seine Zigarettenspitze von einem Mundwinkel zum anderen und lächelte haarscharf an meinem Ohr vorbei in die Nacht.

Er konnte schließlich nichts dafür, daß er zwei Freunde

---

*der Hochstapler,* ein Betrüger

in der Schweiz und ich angenommen hatte, der Hotelier in St. Moritz sei Berner. Er konnte absolut nichts dafür, aber ich nahm's ihm trotzdem übel.

Was sollte ich hier ohne Berner? Die viel zu teure Luft atmen und die Berge angucken? Und ich hatte gar keine Lust, mein schönes Geld für Skikleidung auszugeben, die ich – außer in diesen zehn Tagen – nie mehr tragen würde! Gewiß, wenn Berner hier gewesen wäre, hätte sich eine solche Ausgabe schon gelohnt.

Heidi Lauffer, die Frau von Veit, war eine sehr nette Person. Sie lieh mir eine Skihose aus braunem Wollstoff. In der Länge paßte sie, in der Taille konnte ich sie zusammenstecken, bloß der Hosenboden hing mir bis in die Kniekehlen, denn um diese Gegend war Heidi doppelt so stark wie ich.

Franks dicker sandfarbener Pullover verdeckte zum Teil den plattgefalteten Hosenpopo. Skischuhe bekam ich von Veit Lauffer, Pips gab mir seine neuen *Norwegerfäustlinge* ab, und Ski erhielt ich von Heidi.

Julchens Skidreß sah ganz passabel aus, wenigstens von vorn, aber beim Mittagessen erklärte Pips kauend:

»Wissen Sie, Frau Thomas, Sie laufen genauso, wie Sie von hinten aussehen.« Ich war großartiger Stimmung, das dürfen Sie mir glauben.

Wirklich, meine Stimmung wuchs von Stunde zu Stunde. Und daran hatte Jacqueline schuld. Wir hatten sie in einer Bar kennengelernt, und seitdem spürte ich mit bedrückender Deutlichkeit, daß meine Anwesenheit störte. Ich war völlig überflüssig.

Jacqueline lief sehr gut Ski. Sie war bezaubernd hübsch und reich.

der Norwegerfäustling

War ich *eifersüchtig?* Jedenfalls wollte ich mir morgen die modernste Skihose kaufen, die es in St. Moritz zu finden gab.

Es war Sonnabend. Ich lag allein auf der Sonnenterras-

---

*eifersüchtig,* neidisch

se. Ich *blinzelte* zwischen Wachen und Träumen in die Sonne. Plötzlich sah ich ihn: Der Mann kam näher, und ich brach fast mit meinem Liegestuhl zusammen, so heftig richtete ich mich auf: es war Jean Berner.

Er nahm die Sonnenbrille ab und sah aus braunen, zärtlichen Augen auf mich herab. Dann blies er die rechte Backe auf und legte die flache Hand dagegen: »Oh, mein Weisheitszahn!« Er hatte mich also gleich erkannt.

Ich strahlte ihn stumm an.

»Büffel erzählte mir am Telefon, daß Sie ihn nach St. Moritz begleiten würden.«

Ich strahlte stumm.

»Ich freue mich, daß Sie hier sind.«

Ich mußte endlich etwas anderes tun als stumm strahlen, aber mir fiel nichts Vernünftiges ein.

»Wie gefällt Ihnen unser kleines Land?«

»Wunderbar«, sagte ich.

Er fragte nach Frank, und ich erzählte ihm, daß er mit einer jungen Französin nach Corviglia hinaufgefahren sei und vor dem Abend nicht zurückkommen werde.

»Und sein Junior?«

»Pips betätigt sich mit einem Hockeyschläger als rasende Gefahr für die Eisläufer auf dem See.«

Eine halbe Stunde später spazierten wir durch St. Moritz und lachten viel über gar nichts – wie eben Leute, die sich vor lauter herzlicher Verlegenheit nicht recht zu benehmen wissen.

Als wir den See erreichten, sahen wir das, was ich vorher lächelnd prophezeit hatte: Pips stand mit schuldbewußtem Gesicht da. Er hatte mit seinem Hockeyschläger zwei Engländerinnen zu Fall gebracht. Jean sprang

---

*blinzeln,* mit halbverschlossenen Augen sehen

hinzu und half ihnen auf die Beine. Sie sahen ihn strahlend an und waren auf einmal gar nicht mehr wütend auf Pips.

»Onkel Jean – ich wußte gar nicht, daß du auch hier bist«, *stotterte* er.

»Onkel Jean ist immer als rettender Engel da«, sagte ich und sah Jean Berner an. Er begegnete meinem Blick mit einem freundlichen Lachen.

Später saßen wir in Lauffers guter Stube unter dem buntgeschmückten Weihnachtsbaum. Es war alles so gemütlich. Mir war so froh und feierlich zumute, daß ich am liebsten gleich noch einmal Weihnachten gefeiert hätte.

»St. Moritz, 31. Dezember« schrieb ich in den frischgefallenen Schnee auf Berners *Lancia*. Als ich mich aufrichtete, legte sich sein Arm um meine Schulter. Ich war sehr klein neben ihm und unbeschreiblich glücklich.

Zwei Tage lagen hinter uns – Mein Gott, was für Tage! Ich kannte keinen Hunger mehr und keine Müdigkeit, kein Frieren und keine Mißstimmung. Es war wie ein Traum. Wirklichkeit waren nur Franks schneidende Blicke. Er war neidisch, das fühlte ich. Franks schlechte Laune bedrückte alle, doch Jean und ich liefen ihr sooft wie möglich davon.

Wir machten Ausflüge, besuchten seinen Vater, der eine Klinik in Davos führte; er zeigte mir die Berge. Er kannte fast alle Namen.

»Einmal war ich mit Büffel und Bergliot hier oben«, sagte er und nach einem Blick auf meine deutliche Un-

---

*stottern,* nicht fließend sprechen
*Lancia,* eine italienische Automarke

wissenheit: »Bergliot war seine Frau. Er hat Ihnen sicher von ihr erzählt?«

»Frank spricht selten von ihr. Nur einmal sagte er, daß sie klein und zart war und gar keine Angst gehabt habe.«

»Nein.« Jean lachte leise vor sich hin. »Bergliot hatte vor nichts Angst. Wir wollten es alle nicht glauben, als sie damals beim Baden ertrank. Es war so unbergliotisch.«

Bergliot – ich versuchte, sie mir vorzustellen. »Frank war glücklich mit ihr?«

»Sehr«, sagte Jean.

An diesem Silvesterabend zeigte jeder, was er hatte. An Schmuck und schönen Kleidern. Ich fand mich großartig aussehend und war sehr verliebt in meinen Riesen Berner.

Wenn nur nicht Frank gewesen wäre! Er saß mir gegenüber zwischen Heidi und Jacqueline –, und ich wagte nicht, in seine Richtung zu gucken.

Wegen Büffel hatte ich die traurige Geschichte von einem plötzlich und unerwartet in Sizilien verstorbenen Herrn Uri senior erfunden, und jetzt sah er mich hier – Sessel an Sessel, Blick in Blick mit Berner. Was mußte er von mir denken! (Was dachte ich selbst von mir!)

Man unterhielt sich gerade über Bergliot. Es gab lustige Geschichten von ihr zu erzählen.

Heidi hob ihr Sektglas Frank entgegen. »Wie sagte Bergliot noch?«

'Skål.'

»Skål, Paul.«

»Skål, Heidi.« Er trank sein Glas in einem Zug aus, setzte es hart auf und wandte sich so plötzlich an mich, daß ich zusammenzuckte. »Tanzen wir.«

Ich warf Jean einen entschuldigenden Blick zu.

54

»Julchen, Sie sind langweilig, wenn Sie verliebt sind.«

»Wenn ich aber Jean so gefalle –!?«

»Herrn Uri auch? Mir tut er leid. Zuerst den Vater verloren und dann die Braut.«

»Herr Frank!« sagte ich . . .

»Hauptsache, Sie sind glücklich«, lächelte er schnell.

»Jean ist ein *zauberhafter* Mensch. So –« dieser schreckliche Tanz war endlich zu Ende – »jetzt laufen Sie zu ihm.«

»Nur noch zwei Minuten«, sagte Jean.

Jemand hatte ein Fenster geöffnet. Mit der Kälte kam Glockenläuten herein. Es war soweit – und es war schön, das neue Jahr mit einem langen Blick in Jeans Augen zu beginnen.

»Juliette.«

»Jean.«

Wir küßten uns, und ich wünschte, weit fort mit ihm von all diesen Leuten zu sein, die dafür sorgten, daß keine warme Stimmung aufkam.

Und dann schob sich ein Sektglas zwischen uns – ich sah Franks dunkles, unergründliches Gesicht, das sich lächelnd über mich beugte. Er küßte mich auf jeden Mundwinkel.

»Laß uns anstoßen, Juliane, auf die Zürcher Verlobung!«

Am Neujahrsmorgen schneite es dicht und ruhig. Mir war sehr schlecht, und ich konnte mich an nichts mehr erinnern . . .

Ich stand am Fenster und sah Paul Frank langsam die

---

*zauberhaft,* sehr nett

Straße heraufkommen. Er trug noch seinen Smoking unter dem Mantel. Plötzlich hob er den Kopf und winkte mir zu. Zwei Minuten später klopfte er an meine Tür.

»Ich habe ein gutes Mittel für den armen Kopf.«

Woher wußte er, daß ich einen armen Kopf hatte! Vielleicht wußte er sogar noch mehr über den Rest der Nacht, an den ich mich nicht erinnern konnte.

»Nehmen Sie zwei und trinken Sie nach, in einer Stunde ist Ihnen wieder gut.«

Ich saß auf dem Bettrand und schüttelte mich. Mein Magen war auch nicht in Ordnung. Frank betrachtete mich lächelnd und ganz ohne Spott, dann brummte er mit rauchheiserer, übernächtigter Stimme: »Tjaja, der Zwerg Perkeo im Heidelberger Schloß, an Wuchse klein und winzig, an Durste riesengroß –«

»Wieso?« fragte ich vorsichtig.

»Haben Sie gesungen.«

»Neinnn!«

»Doch!«

»Sie haben ihn sogar zum Mitsingen gebracht. Es war fast wie zu Bergliots Zeiten.«

»Aber –« Ich hasse Frauen, die sich betrinken, »aber das ist doch schrecklich!«

»Schrecklich? Nö, es war ganz lustig.«

»Wie bin ich ins Bett gekommen, Frank?«

»Sehr gut«, versicherte er. »Sie schritten wie eine Königin die Treppe hinauf. Jean begleitete Sie. Er küßte Ihnen vor Ihrer Zimmertür die Hände, sagte »Schlaf gut, meine Juliette«, darauf verabschiedete er sich von mir und ging in sein Zimmer.«

»– und war gewiß nicht von mir entsetzt?«

Büffel zog die Augenbrauen schmerzhaft zusammen.

»Sie langweilen mich mit Ihrer kleinlichen Reue, Julchen. Zu Herrn Uris Zeiten waren Sie viel amüsanter.«

Er blickte einen Augenblick auf meine Ratlosigkeit herab, dann wandte er sich zur Tür. Die Hand auf dem Türgriff, schaute er noch einmal zu mir zurück. »Wo wohnte er doch gleich?«

»Wer, Uri? In der Hieronymus-Kayser-Straße«, sagte ich ungeduldig.

»Richtig –« Seine Schultern bebten vor Lachen. »Die Kayserstraße.«

»Was ist denn daran so komisch?«

»Der Hieronymus.«

... und morgen früh war alles zu Ende. Morgen reisten Jean nach Zürich, Frank und Pips nach Berlin, Jacqueline nach Paris und ich nach Hamburg. Dieser Gedanke war trostlos.

Am Nachmittag *bummelte* Jean mit mir zur Chesa Veglia. Ab und zu blieben wir stehen und küßten uns im Schutz des dichten, dämmerigen Schneevorhangs. Aber er sagte 'es' nicht.

»Du bist mißgestimmt, Juliette. Was ist dir?«

»Nichts«, sagte ich, obwohl mir eine Menge 'war.' Ich *sehnte* mich *nach* Versprechungen – ehrlich gestanden: nach einem Heiratsantrag. Aber der blieb aus, sosehr ich von allen möglichen Themen her auf ihn zusteuerte. Jean sagte statt dessen: »Im Frühling mußt du mich in Zürich besuchen, Juliette. Aber erst wenn es richtig warm und grün wird. Wir fahren dann an den Vierwald-stätter See –«

»– und zum Rigi hinauf«, vollendete ich bitter, an meine Prospektweisheiten denkend.

---

*bummeln,* spazierengehen
*sich sehnen nach,* etwas sehr gern wollen

Feuchtwarmer Tauwind jagte über den Bahnsteig. Ich ging zwischen Frank und Pips hin und her, die Einfahrt des Zuges erwartend, mit dem ich allein nach Hamburg weiterreisen würde.

Frank kaufte mir eine Zeitschrift und Zigaretten. Er zeigte sich seltsam friedlich. Pips sah mich manchmal mit einem *scheuen* Blick von der Seite an.

Wenn ich ihm zulächelte, grinste er, wurde hochrot und schaute schnell fort. Er suchte in seiner Tasche und zog den Zwerg Perkeo hervor. »Gucken Sie mal.« Das hieß: Sie haben ihn mir geschenkt, und ich trage ihn bei mir. Das hieß für seine Gefühlsverhältnisse soviel wie eine Zärtlichkeit.

---

*scheu,* zurückhaltend, ängstlich

# Fragen

1. Warum holt Julia Prospekte von der Schweiz aus dem Reisebüro?

2. Warum verbringen Büffel, Pips und Julia den Heiligabend in Heidelberg?

3. Was erleben sie in Heidelberg?

4. Warum will Julia sehr gerne mit nach St. Moritz?

5. Wer ist Bergliot?

6. Was erwartet Julia von Jean Berner?

7. Warum 'grinst' Büffel eigentlich so oft?

# IV

Das neue Jahr hatte mit drei Abschieden begonnen – von St. Moritz, von Jean und den beiden Franks. Es schien der Meinung zu sein, damit genug für mich getan zu haben, denn es ereignete sich absolut gar nichts mehr, weder beruflich noch privat.

Einmal besuchte mich Jürgen, stellte ein *Tulpentöpfchen* in meine Hände und sagte mißgestimmt: »Gratuliere zur Verlobung mit Herrn Uri.«

»Es hat keine Verlobung gegeben –«

Sein Gesicht hellte sich triumphal auf . . .

»– weil ich mich in einen andern verliebt habe.«

. . . und erlosch in düsterem Staunen.

»Aber Julie«, sagte er vorwurfsvoll. »Was ist bloß aus dir geworden!«

Einmal rief Frank spätabends bei mir an. Er erzählte von den Dreharbeiten zu seinem neuen Film, von Pipsens letzten Erlebnissen, und nach Jean fragte er auch. »Hören Sie Nettes von ihm?«

»O ja. Er schreibt oft. Heute bekam ich eine Karte vom Rigi.«

Ich erzählte Frank nicht, wie sehr mich diese Karte enttäuscht hatte.

Ja, und dann kam Mitte Februar ein Ferngespräch, das mein Freund Pips angemeldet hatte.

»Paps kann nicht selber telefonieren, weil er so viel zu tun hat. Ich soll Ihnen sagen, er hat ein Thema fürn Dreh-

das Tulpentöpfchen

buch, das Sie machen sollen, und ob Sie bald, vielleicht schon morgen, kommen können.«

Frank zeigte sich sehr überrascht, als ich ihn im *Tempelhofer* Atelier aufsuchte. Einen Stoff für ein Drehbuch, das ich schreiben sollte, hatte er nicht. Und keine Ahnung von Pips' Anruf. »So ein Bengel . . .«

Wir fuhren gemeinsam nach *Wannsee* hinaus. Unterwegs sagte Frank nach einem kurzen Seitenblick auf mich:

»Eigentlich keine schlechte Idee von Pips, Sie herzulotsen.«

»Aber wir wollen so tun, als ob ich Ihnen nichts von seinem Anruf erzählt hätte, sondern aus eigenem Entschluß gekommen wäre. Dann brauchen Sie ihn nicht zu bestrafen, und er muß nicht zugeben, daß er mich gerne sehen wollte.«

Pips lag mit hochrotem Kopf im Bett. »Ihr kommt aber ziemlich spät«, sagte er zähneklappernd.

*Tempelhof, Wannsee,* Stadtteile in Berlin

»Bist du krank?« fragte ich.

Frank fragte sofort: »Was hast du *ausgefressen?*«

Ich sah mich kurz in seinem Zimmer um. Es war hell und lustig eingerichtet und mit Indianerspielzeug, Segelbooten und einem Park defekter Autos überfüllt. Vor seinem Bett lag würdevoll und fett der Bernhardiner Püppi.

Hinsetzen konnte man sich nicht. Die Stühle waren mit Kleidungsstücken und Büchern bedeckt.

Es war das Zimmer eines Jungen, der keine Mutter mehr und einen schwerbeschäftigten Vater hat, der keine Zeit hat und sein belastetes Gewissen durch zahllose Geschenke zu erleichtern versucht.

Das Mädchen Hella, das für Pips kochte und dafür sorgen mußte, daß er rechtzeitig zur Schule kam, war auf den ersten Blick selbst noch ein halbes Kind.

»Lieber Himmel«, dachte ich und sank zu Pips aufs Bett. Seine rauhe Jungenhand war heiß.

»Du hast Fieber«, sagte ich.

»*Quatsch*«, wehrte er ärgerlich meine Besorgnis ab. »Ich bin bloß'n bißchen naß geworden heute nachmittag. Da unten am Rand vom See, wo das Eis kaputt ist, haben mein Freund und ich auf dem Eis . . .«

»Helge!« rief Frank entsetzt. (Helge ist Pipsens richtiger Vorname, den er in seinem Paß und in den Schulheften benutzte).

Er stürzte aus dem Zimmer und kam mit einer Cognakflasche zurück. Er goß ein Wasserglas halbvoll.

»Das trinkst du in einem Zug aus!« verlangte er.

»Meinen Sie nicht, daß eine heiße Zitrone und ein

---

*etwas ausfressen,* etwas Unerlaubtes machen
*Quatsch!,* Unsinn!

Aspirin richtiger wären?« wagte ich zu sagen, aber Frank hatte bereits das Glas an Pipsens Lippen gesetzt. Der Junge schluckte, schrie laut, und zehn Minuten später schlief er *berauscht* und friedlich lächelnd ein.

Während Hella für uns das Essen servierte, erzählte sie, was wirklich passiert war: Er war beim Spielen auf dem dünnen Eis eingebrochen. Zwei Männer waren mit Hilfe von langen Leitern und Stangen an die Einbruchstelle herangekrochen und hatten ihn aus dem Wasser gezogen.

Frank war sehr blaß nach Hellas Bericht. Er rührte keinen Bissen an, trank dafür um so mehr. Und ich glaube, er dachte an Pips' Mutter, die beim Baden ertrunken war.

»Der Junge muß ins *Internat*«, sagte er nach einem langen, nervösen Schweigen. »Er braucht *ständige* Aufsicht und Erziehung.«

»Glauben Sie, daß Sie ein Internat finden, in das kleine Jungen ihre Hunde mitbringen dürfen?« fragte ich.

»Tja, das wird noch ein Drama geben, wenn sich die beiden trennen müssen. Aber Sie sehen doch ein, daß Pips eine Aufsicht nötig hat!«

»Ich denke, er hat vor allem eine Mutter nötig.«

Frank sah mich an, kaute an einer Antwort und entschloß sich endlich, sie ungesagt hinunterzuschlucken.

Später zeigte Frank unsere St. Moritzer Bilder. Und ich vergaß vor lauter Freude, Jean bildlich wiederzusehen, alles andere – Pips, Internat, Eis und auch die enttäuschende Karte vom Rigi. Ein paar Minuten lang, während Frank mir Foto für Foto reichte, erlebte ich

---

*berauscht,* leicht betrunken
*das Internat,* eine Schule, wo die Schüler auch wohnen
*ständig,* immer

noch einmal St. Moritz: den See in der strahlenden Mittagssonne, Veit und Heidi vor dem Hotel, Pips mit dem Skilift, Frank beim Abfahrtslauf.

Endlich Jean – riesengroß und strahlend, an seiner Schulter ein glückliches Julchen. Jean im Gegenlicht. Am Steuer seines Lancia. Jean lächelnd, strahlend . . . Als ich um Mitternacht Onkel Julius' Wohnung betrat, schlief die Verwandtschaft bereits. Auf dem Garderobentisch lag eine von Hamburg nachgeschickte Postkarte von Jean. Eine Flugzeugaufnahme von Zürich, ein paar herzliche Worte, die man ohne weiteres auch an seine Großmutter schreiben konnte . . .

Ein paar Male besuchte ich Frank bei der Arbeit im Atelier. Warum war ich noch in Berlin? Was hielt mich hier? Die unfreundliche Stimmung in Onkel Julius' Haus? Waren es unsere gemeinsamen Erinnerungen an St. Moritz, die mich an Frank banden, die Angst vor der Leere in Hamburg, wo niemand war, mit dem ich über Jean Berner sprechen konnte? – Es war Pips.

Unsere Freundschaft hatte sich in jener Woche, in der er seine Wannseegrippe ausschwitzen mußte, sehr vertieft. Ich saß fast täglich bei ihm auf dem Bettrand, die Füße zum Wärmen in Püppis Fell. Wir lasen oder erzählten.

»Es ist ganz schön, wenn Sie hier sind«, sagte Pips neben mir. »Dann kommen wenigstens nicht die anderen Frauen, die Mutter bei mir werden wollen.«

»Möchtest du keine neue Mutti?«

Er überlegte einen Augenblick, und ich sah an seinem Gesicht, daß ich ihm eine schwierige Frage gestellt hatte. »Nein«, sagte er endlich, »das gäbe nur Schwierigkeiten.« Und auch Frank gefiel mir eigentlich ganz gut. Er war

64

wirklich ein angenehmer Mann, solange er nicht Zahn-
schmerzen hatte oder über Herrn Uri sprechen wollte.

Eines Abends, Frank hatte mich gerade nach Hause gebracht, lag da ein Luftpostbrief für mich. Aus Zürich.
»Meine liebe Juliette«, schrieb Jean, »wie geht es Dir? Bist
Du noch in Berlin? Wenn ja, so grüße die Franks herzlich
von mir und sage Büffel, daß er bald einen langen Bericht
von mir bekommen wird. Ich habe im Augenblick viel
Zeit zum Schreiben, unfreiwillige Zeit. Vor zwei Tagen
stürzte ich und brach mir dabei den rechten Fuß, es ist
sehr ärgerlich.
   Du hast Sehnsucht, mein Liebes? Ich würde Dich
auch sehr, sehr gern sehen, doch fürchte ich, daß ich Dir
in meinem augenblicklichen Zustand wenig von unserem
Land zeigen könnte, wie ich versprach. Wenn Du trotzdem kommen möchtest –«
   Ich stolperte mit dem Brief in der Hand über den dunk-
len Flur zur Praxis und drehte eilig Franks Nummer. Es
tutete mehrere Male, ehe sich Pips' verschlafene Stimme
meldete.
   »Ist dein Vater schon zurück, Pips?« fragte ich.
   »Nein, glaub nicht. Ist was Wichtiges?«
   »Ich fahre morgen nach Hamburg und von dort nach
Zürich.«
   »Ach. – Dann kommen Sie nicht mehr zu uns raus,
nein?«
   »Ich werd's kaum schaffen, Pips. Laß es dir gut gehen.«
Es dauerte lange, ehe eine Antwort kam.
   »Na gut«, sagte er endlich. »Auf Wiedersehen, Frau
Thomas.«
   Die Enttäuschung in seiner Stimme – einer kleinen,
müden Jungenstimme –.

»Pips«, rief ich, »in den Sommerferien besuchst du mich in Hamburg. Wir fahren zusammen an die Nordsee, ja?«

»Ja«, sagte er und gab den Hörer an Frank weiter.

»Hallo, Juliane, ich komme gerade ins Haus. Was gibt es?«

»Sie fährt morgen nach Hamburg und dann nach Zürich«, hörte ich Pips sagen.

»Zu wem fahren Sie denn? Zu Uri oder Berner?«

»Zu Jean natürlich. Er hat sich den Fuß gebrochen und möchte mich gern sehen.«

»So.« Kaum ein Wörtchen kann soviel Eiskälte ausstrahlen wie ein kurzes »So«.

»Aber Frank«, rief ich erschrocken, »was haben Sie denn? Freuen Sie sich nicht mit mir?«

»Über einen gebrochenen Fuß?« fragte er schroff. »Ich dachte, Juliane –« Aber er sprach nicht aus, was er dachte, sondern sagte nur: »Gute Reise und grüßen Sie Jean.«

Ein Klicken in der Leitung – er hatte eingehängt.

»Ach, Büffel –«

Ich überdachte noch einmal die vergangenen Monate – Jürgen, Berner, Büffel, Jürgen, Büffel, Uri, Büffel, Pips, Uri, Berner, Berner! Berner!! Büffel, Pips . . . Tja, Frank und Pips. Die beiden waren ein Teil meines Lebens geworden. Sie gehörten zu mir, und ich gehörte zu ihnen. Aber wenn Jean mich rief, mußten sie eben zurücktreten.

Noch in derselben Nacht packte ich meine Koffer und fuhr mit dem ersten Zug nach Hamburg.

# Fragen

1. Warum fährt Julia nach Berlin?

2. Was ist mit Pips passiert?

3. Warum ist Büffel so entsetzt darüber?

# V

Um sieben Uhr wurde ich durch einmaliges Telefonklingeln vom Hotelportier geweckt.

Von sieben Uhr fünfzehn bis neun schrieb ich an meinem neuen Romanmanuskript.

Punkt neun Uhr fuhr ich in die Halle hinunter und stieg zu Maria und ihren beiden kleinen Kindern in den wartenden Wagen. Maria war Berners älteste Schwester, eine wirkliche Dame, die sich immer auf ihr Benehmen verlassen konnte. Ich glaube, sie hat es noch niemals nötig gehabt, »Uris« oder andere Lügen auszudenken.

Um neun Uhr fünfzehn versammelten wir uns in Berners Bibliothekszimmer vor dem Terrassenfenster. Er selbst lag auf einem Sessel mit hochgestelltem Fuß. Man gab mir den Platz gegenüber dem Fenster, damit ich die schöne Aussicht genießen konnte. Das war übrigens das einzige, was mich an diesen Vormittagen daran erinnerte, daß ich im Schokoladen- und Käseland Schweiz war. Unser Frühstückstisch tat das nicht. Da gab es nur *Joghurt*, *Toast* und *Weizenkeime*.

Gegen zwölf Uhr kam Schwester Rosi. Wir mochten uns gern. Aber leider hatte auch sie kein Verständnis dafür, daß ich ihren Bruder manchmal allein sehen wollte. Nach Praxisschluß erschien Irene, die Ärztin. Im Gegensatz zu ihren Schwestern interessierte sie sich für Politik und gehörte einer Gruppe an, die für das Wahlrecht der Schweizer Frauen kämpfte.

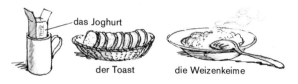

das Joghurt

der Toast      die Weizenkeime

Nach dem Abendessen spielten wir mit Freunden Bridge, sofern nicht der Arzt kam, der Berners Praxis jetzt führte. Um zehn Uhr verabschiedete ich mich von Jean mit einem Wangenstreicheln und fuhr ins Hotel zurück. Meistens schrieb ich noch bis Mitternacht an meinem Manuskript. Es kam aber auch *vor* – und an den letzten Abenden immer öfter –, daß ich nur einfach so dasaß und nachdachte.

Es mußte wunderschön gewesen sein – damals in St. Moritz . . .

Von Frank hörte ich nichts, nicht ein Wort – obwohl ich ihm bereits zwei Postkarten geschickt hatte, eine Aufnahme von Zürich und eine vom Rigi, auf dem ich noch nicht gewesen war. Eines Morgens kam ein Brief voll unordentlicher Buchstaben. Er war für mich, und Jean gab ihn mir, als wir auf seinem Balkon in der Sonne lagen. Maria und ihre beiden Kleinen waren auch da und Rosis Sohn, der für den historischen Unterricht lernte. Maria strickte.

»Nun, was schreibt unser Pips?«

Ich entfaltete das Blatt und las vor:

»Liebe Frau Thomas!

Ich schicke den Brief an Onkel Jean, weil ich nicht weiß, wo Sie in Zürich wohnen. Es ist ganz schön hier im Internat. Aber Püppi fehlt. Die Jungs sind nett bis auf einen. Den habe ich gestern *verhauen*, weil er der kleinen Katze, die der Köchin gehört, fast den Hals umgedreht hat. Ihre Augen kamen schon raus. Da hab ich ihn

---

*vorkommen,* geschehen
*verhauen,* jemanden schlagen

verhauen, Mensch! Nu fehlen ihm zwei Zähne vorne, deswegen habe ich Stubenarrest aber bloß heute. Er hat eine ganze Woche, und die Köchin bringt mir immer heimlich Kekse rauf. Vergessen Sie nicht, daß wir im Sommer zusammen an die Nordsee wollen.

Viele Grüße auch an Onkel Jean

Helge Frank.«

Zwischen uns spielten Marias Kinder. Sie waren sehr wohlerzogen, sogar saubere Finger hatten sie. Das fiel mir auf, als ich Pips' Brief langsam zusammenfaltete.

»Dieser Helge scheint ein rechter *Rüpel* zu sein«, sagte Maria. Ihre Kinder hatten eine väterliche Großmutter, eine Mutter und mehrere Tanten. Pips hatte einen vielbeschäftigten Vater und sonst nur einen Bernhardiner, der ihn aber auch nicht daran hindern konnte, in den See zu fallen. Und auf einmal hörte ich mich in den Züricher Frühling hineinbrüllen:

»Pips ist kein Rüpel, sondern ein feiner Junge. Er liebt Tiere, und wenn er diesem dummen Jungen, der die Katze gequält hat, alle Zähne ausgeschlagen hätte, so wär das auch nicht schlimm gewesen!«

Merkwürdig, daß ich so heftig reagierte! Die Bemerkung, Pips sei ein Rüpel (was haargenau stimmte) konnte nicht allein der Grund für meinen Ärger sein.

Ich mußte hier raus und gründlich darüber nachdenken. Ich machte einen langen Spaziergang. Es war doch so: Ich liebte Jean und kam ihm doch nicht näher. Nie waren wir allein.

---

*der Rüpel,* jemand, der sich schlecht benimmt

Als ich zurückkam, *humpelte* mir Jean, auf einen Stock gestützt, entgegen.

»Rosi ist eben gegangen, und Irene wird erst in einer halben Stunde hier sein, sie muß noch einen Hausbesuch machen«, sagte er.

Ich sah ihn an – er war erregend schön. Ich warf meine Arme um seinen Körper und seufzte den abgeschmacktesten Satz der Literaturgeschichte: »Endlich allein!«

Und was dann kam, war unser erster ausführlicherer Kuß.

»Ist dir meine Familie so zuwider?« fragte Jean ein wenig später.

»Aber nein. Es ist die reizendste Familie, die ich jemals kennenlernte. Rosi, Irene, Maria, ihre Männer, dein Vater, die Kinder . . . jeder einzelne ist liebenswert. Aaaber –« meine Finger klammerten sich um seine Kragenecken wie um einen Rettungsring, »– warum sind wir nie allein? Du bist höflich bis zur Selbstaufopferung, Jean, und merkst nicht, wie man langsam, aber sicher dein Eigenleben auffrißt! Du wirst eines Tages nur mehr ein Bruder, Onkel, guter Freund und Herr Doktor, nicht aber der Mann Jean Berner sein!«

»Und ist das nicht viel wichtiger?« fragte er mit seinem stillen, freundlichen Lächeln, das ich ihm manchmal mit den Fäusten aus dem Gesicht schlagen möchte. Aber es lohnt nicht. Er würde auch dann nicht wütend werden, sondern sich bei mir für mein Benehmen entschuldigen.

»Du wirst immer allen Menschen gehören, Jean, niemals einer Frau allein. Du hättest als Lieber Gott

---

*humpeln,* ungleichmäßig gehen

geboren werden müssen, aber nicht als Mann, der so – so beunruhigend männlich aussieht.«

»Juliette!« Da war plötzlich wieder jenes liebe Lachen in seinem Gesicht, für das ich seit Monaten eine Dummheit nach der anderen beging. »Juliette, morgen fahren wir beide ganz allein zum –«

»Bitte, bitte, sag jetzt nicht Rigi, sonst schrei ich! Sag, daß nur unser Alleinsein zählt, wohin wir auch fahren!«

Er sagte es.

Am nächsten Tag fuhren wir nach Luzern. Ich steuerte seinen Lancia die herrliche Waldstraße nach Zug hinauf und an den Seen entlang und durch die sauberen Ortschaften – hinter uns im Auto saßen *artig* Marias beide Jüngsten . . . Denn: »Hör, Juliette, Kinder stören doch nicht! Und sie fahren so gern spazieren.«


Ein paar Tage später sagte Jean am Telefon: »Ich habe eine Überraschung für dich!« Gleich danach hupte es vor dem Haus, in dem ich an diesem Tag einen Besuch gemacht hatte. An Jeans Wagen stand ein Mann in kurzem Trenchcoat.

»Hallo«, sagte er.

»Nein!« schrie ich.

»Doch!« sagte er. »I c h bin die Überraschung.«

Der Mann war Paul Frank, und er war so wirklich wie immer.

»Was machen denn Sie in Zürich?«

»Habe geschäftlich hier zu tun. Wo soll ich Sie hinfahren? Ins Hotel oder zu Berner?«

»Eh – ich weiß nicht – ins Hotel«, entschied ich mich endlich. Frank war unpersönlich und zurückhaltend.

---

*artig,* wohlerzogen

Seine betont schweigende Nähe war beunruhigend.

Aber da war schon mein Hotel. Frank stieg aus, ging um den Wagen herum und öffnete die Tür auf meiner Seite – betont freundlich wie ein Chauffeur.

»Muß ich Ihnen jetzt ein Trinkgeld geben?«

»Danke sehr, Frau Berner – oder noch nicht?« fragte er mit höflicher Ironie, ging wieder zurück, öffnete seine Tür und –

»Frank!«

Wir sahen uns über das Dach des Wagens an, in dem sich die Hotellichter spiegelten.

»Ja?« Sein Gesicht war fast bewegungslos.

»Büffel!«

»Julchen«, lachte er. »Was will denn Julchen?«

»Mitfahren, bitte.«

Und also stiegen wir wieder in den Wagen und fuhren sehr langsam durch den Regen.

»Was macht unser Film? Ist er fertig?«

»Ja.«

»Und?«

»Was – und?«

»Ist er gut geworden?«

»Sie werden ihn ja einmal sehen.«

»Nein«, rief ich, »nie! Und ich wünschte, ich hätte ihn überhaupt nicht geschrieben.«

»Aber Julchen, wenn Sie das Buch nicht geschrieben hätten, hätten wir uns kaum wieder getroffen, und Sie wären ohne Ihren Zukünftigen geblieben. Wie ist es denn, ist Julia mit ihrem Romeo zufrieden?«

»Natürlich.«

»Sind's nicht ein bißchen viel *Montagues*?«

---

*Montague,* Romeos Familienname in dem Theaterstück »Romeo und Julia«

»Frank!« mahnte ich.

»Das war schon immer der Fehler der Romeos – die *Verwandtschaft*«, fuhr er fort.

»Ja«, sagte ich deutlich, »Verwandtschaft kann ein Problem sein. Ich kenne da einen sehr netten Jungen von elf Jahren, aber einen Vater hat der!«

»Für den kann er nicht«, lachte Frank. »Übrigens gefällt es Pips ganz gut im Internat, wenn nur das Lernen nicht wäre, das ihm zu wenig Zeit für Dummheiten läßt.

In seinem letzten Brief schrieb er so ganz nebenbei, daß Bismarck auch einmal *sitzengeblieben* wäre. Das gab mir zu denken.«

Ich mußte lachen und fühlte mich auf einmal so leicht. Nachdem ich Frank Pips' Brief vorgelesen hatte, schwieg er einen Augenblick nachdenklich, dann sagte er: »Es war leichtsinnig, ihm zu versprechen, ihn im Sommer mit an die Nordsee zu nehmen. Pips wird Sie daran erinnern, ob Sie zu der Zeit in Zürich, Hamburg oder bei einem neuen Freund in China sitzen.«

Er fuhr die ansteigende Villenstraße hinauf, in der Jean wohnte. Schon von weitem sah ich die Autos seiner Geschwister vor dem Hause parken.

»Frank«, sagte ich, »es ist schön, daß Sie da sind.«

Er sah mich einmal kurz von der Seite an und dann wieder geradeaus, ohne etwas zu sagen.

Die Damen tranken weißen Portwein und die Herren Whisky. Wenn man uns hier betrachtete, sahen wir genauso aus wie auf einem zwanglosen Familienfoto. Und

---

*die Verwandtschaft,* die Familienangehörigen außerhalb der engsten Familie
*sitzenbleiben,* nicht in die nächste Schulklasse kommen

keiner ahnte, daß eine der Frauen ein unsichtbares Kreuzchen trug. Eine der Frauen gehörte nicht 'dazu', weil sie – obwohl sie sich ernsthaft Mühe gab – niemals eine Dame werden würde. Diese Erkenntnis lastete schwer auf mir.

Plötzlich wurde ich sehr müde, und ich mußte gähnen, so heftig, daß das Familienbild vor meinen Augen verschwamm. Als ich wieder klar gucken konnte, sah ich Franks stilles Grinsen auf mich gerichtet. Ich weiß nicht, wie es kam, aber plötzlich stand ich neben der Bar, und Frank saß davor, ziellos Flaschen hin und her schiebend.

»Sie *haben* wirklich *Pech* mit Ihren Männern«, sagte er halblaut in den Barschrank hinein. »Einmal kommt es nicht zur Verlobung, weil die Verwandtschaft stirbt – siehe Herrn Uri senior –, und das andere Mal kommt es wegen der allzu lebendigen Verwandtschaft nicht dazu.«

»Pschscht!« machte ich erschrocken. »Da fällt mir was ein: Haben Sie Herrn Uri einmal getroffen, seitdem Sie hier sind?«

»Nein.«

Ich war mir selbst böse, daß ich noch nicht weggegangen war.

»Sie haben sich nicht die Hieronymus-Kayser-Straße angesehen, in der er wohnt?«

Ich wollte zu den anderen zurückgehen, da zog er sich, die Hände auf die offenen Bartüren gestützt, in die Höhe.

»Es gibt übrigens gar keine Hieronymus-Kayser-Straße in Zürich«, sagte er, langsam die Türen zuschiebend, »es gibt auch keinen Zoologen mit dem Namen.« Er sah

---

*Pech haben,* kein Glück haben

mich mit seinem gewinnendsten Lächeln an. »Und es gibt auch keinen Herrn Uri, nicht wahr?«

Mir war plötzlich aber gar nicht gut. Ich brauchte dringend einen Stuhl.

»Woher –?«

»Herr Frank«, rief Irene hinter mir, »Sie haben uns noch gar nichts von Ihren neuen Filmplänen erzählt. Stimmt es, daß Sie bald zu Außenaufnahmen herkommen?«

»Wir werden am Genfer See *drehen*«, antwortete er, noch immer gewinnend lächelnd.

---

*drehen,* hier: einen Film machen

Irgendwie fand ich zum Sofa zurück. Ich mußte es weicher in Erinnerung gehabt haben, denn ich stieß recht unsanft auf seine Sitzfläche. Rosi sah einen Augenblick hoch, sah mich prüfend an. Ich war wohl etwas blaß geworden.

Wenn Frank gewußt hatte, daß in Zürich keine Straße Kayser hieß, dann mußte er auch von Anfang an gewußt haben, daß es keinen Herrn Uri gab, denn den Hieronymus hatte er ausgedacht. Er hatte immer kräftig mitgelogen, er hatte sich auf meine Kosten gut amüsiert.

»Wann mußt du zurück?« fragte ihn Jean.

»Das hängt von meinen Geschäften ab. Vielleicht fliege ich morgen schon, vielleicht auch erst in ein paar Tagen.«

Um elf Uhr verabschiedeten wir uns. Rosis Mann wollte mich in mein Hotel fahren. Nur Frank blieb bei Berner zurück.

Wir standen auf der *Diele,* und Jean hob mein Gesicht besorgt zu sich hoch. »Du siehst blaß aus, Juliette.«

»Mir ist auch nicht gut.«

»Ich werde dir ein Schlafmittel mitgeben«, sagte er und ging in die Wohnung zurück.

»Frau Thomas, kommen Sie?« rief Rosi von unten.

»Gleich!« Vor mir am Garderobenspiegel stand Frank.

»Sie haben also alles von Anfang an gewußt?«

»Alles«, lächelte er. »Ich habe sogar Ihren Informationszettel gefunden – damals in der Raststätte auf dem Weg nach Heidelberg. Er fiel aus Ihrer Tasche, als Sie mit Pips hinausgingen. Ich legte ihn heimlich in Ihre Handtasche zurück – um Ihnen eine *Peinlichkeit* zu ersparen.«

»Aber Sie waren gemein genug, mir nachher jede aufgeschriebene Frage zu stellen!«

»Nicht jede, bloß zwei.« Er lächelte mich um Entschuldigung bittend an.

Ich war fertig mit ihm. Ich wollte ihn nicht wiedersehen. Niemals. »Warum haben Sie damals bei Krämers den Hieronymus Kayser erfunden? Warum haben Sie für mich gelogen?«

Sein Grinsen vertiefte sich. »Wollen Sie es unbedingt wissen?«

»Sonst hätte ich Sie wohl kaum gefragt!«

---

*die Diele,* der Flur, das Entree
*die Peinlichkeit,* etwas Unangenehmes

»Gut.« Er löste seinen Rücken mit einem Ruck von der Wand. »Weil ich Sie schon damals liebte.«

Jeans Blicke gingen verwundert zwischen uns hin und her, als er einen Augenblick später in die Garderobe trat. »Hier sind die Tabletten. Du nimmst am besten zwei.«

Frank liebte mich!
»Wie bitte?« Ach so, die Tabletten. »Ich danke dir.«
»Frau Thomas!« rief Rosi ungeduldig herauf.
»Gute Nacht, Chérie!« Jean küßte mich auf die Wange.
»Gute Nacht, Juliane.« Frank küßte meine Hand.
Ich eilte ohne einen Blick zurück die Treppe hinunter.
An diesem Abend verlängerte ich mein Romanmanuskript um keine Zeile.

Ich hatte ein schlechtes Gewissen, als ich gegen Mittag zu Jean fuhr, um ihn zum Essen abzuholen. Seine Praxis lag in einem großen Neubau in der City. Sie füllte eine halbe Etage voll Licht, blanken Apparaten und einer geradezu unwohnlichen Hygiene. Die Schwester, die mir öffnete, sah vor allem bazillenfrei aus.
Ich blätterte geistesabwesend in einem Journal, las *flüchtig* Bildunterschriften, las auf einer Filmseite bereits den dritten Text, bis ich begriff, daß die dazugehörigen Fotos Szenenbilder aus »meinem« Film darstellten.
Eins zeigte einen Ausschnitt aus einer Zahnarztpraxis. Auf dem Behandlungsstuhl lag ein Mann. Über ihn beugte sich – treffend ähnlich meinem Onkel Julius – der Arzt, neben ihm standen ein schöner Mann und eine

---

*flüchtig,* nicht sehr genau

junge Dame in weißem Kittel, die strahlend zu ihm auf-
lächelte.

Haargenau so war es damals gewesen – oder vielmehr:
so hatte ich es gesehen. Büffel lächerlich und feige, Jean
halbgotthaft . . .

Ich war plötzlich bitterböse mit Paul Frank, weil er
sich bei der Gestalt des Büffel mit geradezu liebevoller
Selbstironie an das Drehbuch gehalten hatte. Ich war
böse, weil ich ihn heute so ganz anders sah.

»Juliette!«

»Juliette, mein letzter Patient an diesem Vormittag.«

Ja, dachte ich, sein letzter Patient an diesem Vormittag. Ich war immer nur ein – Patient für ihn gewesen, das
begriff ich in diesem Augenblick. Ein Patient mit Liebes-
kummer, den er gratis bis zu seiner totalen Genesung
behandelte . . .

»Ich muß mit dir sprechen«, begann ich, »aber es ist
sehr schwierig, einen Anfang zu finden.«

»Soll ich fragen? Also – Frau Thomas, wo tut's uns
denn weh?«

»Nirgends und überall, Herr Doktor, das ist ja das
Schlimme.«

»Seelenschmerz?«

»Möglich.«

»Warum hast du mich eigentlich nach Zürich kommen lassen?« begann ich.

»Du hast es dir doch gewünscht.«

»Ich habe mir gewünscht, daß du mich aus rein egoi-
stischen Gründen rufst – zum Beispiel aus – aus Sehnsucht?« Ich schäme mich, daß ich mein Geständnis auf
eine ganz billige Weise – mit Angriffen begann.

»Glaubst du denn, Juliette, ich wüßte nicht, was dich
bedrückt?«

»Du bist zu gut für mich, zu fehlerlos –« stotterte ich.

»Sag lieber – zu langweilig«, verbesserte er mich lächelnd und unterbrach meinen höflichen Protest, indem er seine Hand auf meinen Mund legte. Dann sagte er leise und ernsthaft: »Chérie, allzuviel Höflichkeit läßt uns manchmal unverzeihliche Fehler begehen. Du sollst jetzt nur an dich denken und dich in keiner Weise – in keiner, hörst du? – mir gegenüber verpflichtet fühlen.«

Mir gelang keine Antwort. Ich wollte ihn fragen, ob es ihm *gleichgültig* sei, wenn ich ihn verließ, aber nach einem Blick in sein lächelndes Gesicht erschien mir meine Frage überflüssig. Jean war Arzt, Bruder, Onkel, Freund – er hatte mich nicht anders lieb als seine Schwestern und Nichten, und ich glaube, in St. Moritz hatte er nur darum den Verliebten gespielt, weil ich es mir so sehr wünschte und er mir eine Freude hatte machen wollen.

Diese Erkenntnis – so sehr sie mein Gewissen erleichterte – tat doch ein bißchen weh.

»Montag fahre ich nach Hamburg zurück«, sagte ich nach einem langen, nachdenklichen Schweigen. »Ich bin ganz hungrig nach Arbeit, und – ich brauche Ruhe – zum Nachdenken.«

Ich hoffte, Frank sei ausgegangen, denn ich wußte nicht, wie ich ihm nach dem gestrigen Abend begegnen sollte. Es war sicher das beste, so zu tun, als ob wir uns gar nicht unterhalten hätten.

Jean schob mich vor sich her die Treppe zu seiner Wohnung hinauf. Je weniger Stufen vor uns lagen, desto kräftiger mußte er schieben. »Angst, Juliette?«

---

*gleichgültig,* egal

»Ih – wovor denn?«

»Eben. Es ist doch alles so einfach, man muß nur den Mut haben, nach seinem Herzen zu handeln – und ich weiß ja, daß du ihn hast, auch wenn dich dein Herz einmal einen falschen Weg führt«, sagte er.

Aber ich wußte im Augenblick nicht sicher, was mein Herz wollte. Noch fühlte es sich – trotz Jeans Worten – verpflichtet, an ihm zu hängen und stand dem plötzlichen starken Gefühl für Frank skeptisch gegenüber.

Aber wenige Minuten später zerschlug ein furchtbarer Schreck seine Zaghaftigkeit: Frank war nicht zu Hause, hatte auch keine Nachricht hinterlassen.

»Er ist doch nicht abgereist?« Ich stürzte in das Zimmer, in dem er die Nacht geschlafen hatte. Es war so ordentlich wie ein Ausstellungsraum in einem Inneneinrichtungsgeschäft und unpersönlich wie ein unvermietetes Hotelzimmer. Keine Hausschuhe, keine Reisetasche . . .

»Er ist fort!« schrie ich Jean zu, der im Wohnzimmer am Fenster stand und in den Regen träumte. Er wandte sich langsam um und sah mich mit seinem verständnisvollen Lächeln an.

»Geht jetzt mittags ein Flugzeug?«

Er gab mir seine Autoschlüssel: »Aber fahr vorsichtig, Juliette.«

Ich stürzte zum Auto. Als ich einstieg, öffnete sich oben im Haus das Badezimmerfenster.

»Juliette!« rief Jean. »So warte doch, Büffel ist –« Aber ich wartete seine Worte nicht ab, sondern schlug die Wagentür hinter mir zu und *raste* die Straße hinunter.

Frank durfte nicht fort, ehe ich ihm gesagt hatte, daß

---

*rasen,* sehr schnell fahren

82

ich ihn liebte, ihn und nur und nur ihn . . . Doch dann kam mir zum Bewußtsein, was Jean vielleicht gerufen hatte: »Büffel ist nicht abgereist, sein Necessaire liegt im Bad.« Ich drehte um und fuhr langsam zurück.

Als ich an einem Postamt vorbeikam, kam mir ein Gedanke, den ich am nächsten Tage noch sehr *bereuen* sollte: Ich gab ein langes *Telegramm* an Pips auf.

Ich stieg wieder in den Wagen und fuhr weiter. Am Paradeplatz sah ich Frank.

»Hallo, Julchen«, grinste er freundlich, als ich auf ihn zulief.

»Büffel!«

Er blickte ein bißchen erstaunt auf mich herab.

»Haben Sie was auf dem Herzen, Julchen?«

»Ja.«

»Was denn?«

»Dich«, wollte ich sagen, aber mir fehlte plötzlich der Mut dazu. Und dann die Umgebung mit all ihren fremden Leuten und Regenschirmen . . .

»Wir sehen uns sicher heute abend«, sagte ich und ging zum Wagen zurück. Und er kam mir leider nicht nach.

Wir sahen uns am Abend. Und Jean Berner war dabei. Er zeigte uns das Nachtleben, das in Zürich aufhört, wenn

das Telegramm

---

*bereuen,* ungeschehen wünschen, bedauern

es in anderen Großstädten beginnt. Ich sah nichts von meiner ständig wechselnden Umgebung. Ich sah auch die beiden Männer nicht an. Aber ich spürte sie – o Gott, wie ich sie spürte. Links der lächelnde, harmonische Jean – rechts der Vulkan Büffel.

Und dann tanzten wir.

Frank hielt mich so bewußt vorsichtig und weit von sich entfernt wie einen zerbrechlichen Gegenstand. Aber ich hatte es endlich satt, ein vorsichtig behandelter Gegenstand zu sein.

Ich sah mit einem Ruck zu ihm auf, und sein Blick hing zweifelnd in meinen Augen: er glaubte nicht an das, was er in ihnen las.

»Es stimmt aber!« sagte ich, und das war das einzige, was während dieses Tanzes gesagt wurde. Das andere fühlten wir.

Der nächste Tag war wie Jean – klar, sauber, warm und temperamentlos. Es war ein fehlerloser Sonntag – was das Wetter betraf.

Als ich gegen Mittag Berners Wohnzimmer betrat, spürte ich sofort, daß etwas nicht in Ordnung war.

Auf dem Sofa saßen Maria und ihr Mann, Frank stand am Fensterbrett zwischen Topfpflanzen, nur Jean kam mir herzlich entgegen. Doch sein heiterer Ton bei der Begrüßung vermochte die frostige Stimmung der anderen nicht zu lösen.

Ich las in Marias Augen die neugierige Verachtung, die richtige Damen solchen Damen, die gegen die festgesetzten Regeln verstoßen, entgegenbringen. Ihr Mann sparte sich die Verachtung und war nur neugierig. Und hinter Franks ernsthafter Miene tanzten hundert kleine rote Teufelchen.

Irgend etwas Schlimmes war geschehen, wovon ich nichts wußte, woran ich jedoch die Schuld zu tragen schien.

»Juliette«, begann Jean mit so viel Entschuldigung in der Stimme, daß ihm Maria einen ärgerlichen Blick zuwarf, »es ist uns allen sehr unangenehm, aber wir haben es nur aus Sorge getan.«

»Was habt ihr getan?«

»Vor einer halben Stunde kam ein Telegramm von Pips. Für dich.«

Vor mir drehte sich das Zimmer. Ich hatte gestern nachmittag an Pips telegrafiert und dabei nicht daran gedacht, daß auf eine telegrafische Frage auch eine telegrafische Antwort folgen, daß diese nicht an die Adresse meines Hotels, sondern an Jean gerichtet werden konnte!

»Ihr habt es geöffnet?«

»Natürlich«, rief Maria angriffslustig. »Wenn ein elfjähriger Junge telegrafiert, ist gewiß etwas Furchtbares passiert, das man nicht früh genug erfahren kann.«

Frank zog das Telegramm aus der Hosentasche. »Soll ich es vorlesen?«

»Geben Sie her!« Ich war mit drei Schritten am Fenster und entriß es ihm. Ich konnte es vor Scham kaum lesen:

»liebe frau thomas stop bin mit ihrem vorschlag einverstanden stop sie können gerne meine mutti werden wenn ich dann wieder nach hause darf stop benachrichtigen sie paps von unserem entschluß stop ich werde gleich packen stop muß nun schließen sonst wird das telegramm zu teuer und zu lang stop habe

mir von köchin das geld dazu *gepumpt* stop viele
grüße dein helge pips stop.«

Das Telegramm zitterte in meiner Hand.

Es war schrecklich!!! Nicht Marias und Jeans Anwesenheit störten mich, aber daß Frank den Inhalt des Tele-
gramms erfahren hatte . . . ja, war ich denn verrückt gewesen, als ich an Pips die Frage telegrafiert hatte, ob ich
seine Mutter werden dürfe? Ich wußte doch gar nicht,
ob . . . Frank hatte zwar gesagt, daß er mich liebte, er
hatte es mich gestern abend auch fühlen lassen, aber
das bedeutete bei einem Mann wie ihm noch lange
nicht, daß er mich auch heiraten wollte. Diese Blamage,
diese . . . Da mich keine *Ohnmacht* überfiel, mußte ich
nach dem einzigen greifen, was einem zu Recht oder
Unrecht verurteilten Angeklagten bleibt: nach Haltung.

»Ich kann nichts dafür, daß Sie das Telegramm gele-
sen haben«, sagte ich, sie alle der Reihe nach selbstbe-
wußt ansehend – auch Frank, den ich in diesem Augenblick haßte, weil er mir nicht hilfreich beisprang wie damals, als er den Hieronymus Kayser erfand und – weil
ich mich vor ihm zum x-tenmal so schrecklich blamiert
hatte. »Es war an mich gerichtet und ging nur mich etwas an.«

»Und mich auch noch ein bißchen – oder?« fragte er
höflich.

»Bitte, entschuldigen Sie mich jetzt«, sagte ich, seine
Bemerkung überhörend, und schaffte es, ohne zu stol-
pern zwischen all den sehr lebendigen Blicken hindurch
zur Tür und in den Garten zu kommen.

Plötzlich war Frank neben mir:

---

*pumpen,* leihen
*die Ohnmacht,* die Bewußtlosigkeit

86

»Ein herrlicher Tag, nicht wahr?«

»Ach, lassen Sie mich in Ruhe!« schrie ich ihn an.

»Pscht. Julchen, die Leute! Maria steht gewiß hinter der Gardine im Badezimmer und folgt uns mit Augen und Ohren – was ich an ihrer Stelle auch tun würde. Denn so eine hübsche Szene wie die eben wird sie so bald nicht wieder erleben.«

»Seien Sie ruhig, Frank!«

»Also Sie wollen mich heiraten. Und Pips ist einverstanden«, fuhr er im Tone friedlicher Konversation fort. »Nett, daß wenigstens er daran gedacht hat, mich von eurem Entschluß zu benachrichtigen. Ich muß sagen, ich war recht überrascht – bleiben Sie hier, Julchen!« Er ergriff meinen Arm – und ohne Arm konnte ich schlecht davonlaufen.

»Oh, Frank, Sie hundsgemeiner Kerl –«

»Bin ich vielleicht. Aber du willst mich trotzdem heiraten, nicht wahr?« Er schob mich auf den Lancia zu, der in der Sonne stand. »Steig ein, mein Kind. Nein, heute fahre ich. Du hast in den letzten Monaten zu oft die falsche Richtung genommen. Es war manchmal zum Verrücktwerden, daß du dumme Person nicht einsehen wolltest, zu wem du gehörst.«

Ich schwieg.

»Monatelang mußte ich geduldig wartend zusehen – und wie schwer mir das gefallen ist!«

Ich schwieg darauf glücklich.

»Aber ich gab die Hoffnung nicht auf, daß du dumme Person eines Tages aufwachen und selbst erkennen würdest, daß Berner zwar der liebste, beste Mensch von der Welt, aber kein Mann für Julchen Thomas ist.«

Und wie ich noch immer schwieg!

»Übrigens habe ich nichts Geschäftliches in Zürich zu

tun. Ich bin nur gekommen, um die dumme Person nach Hause zu holen. So, jetzt habe ich fast alles gesagt, was ich sagen wollte. Jetzt telegrafieren wir beide an Pips.« »Büffel!« Ich legte meine Hand auf seinen Arm. »Geliebter Büffel –«

Eine winzige Bahn brachte uns einen Berg hinauf. Das Bähnchen hielt mehrere Male, und einmal stiegen wir aus. Ein Boy brachte meine Koffer ins Hotelzimmer. Ich ging zu Frank hinunter, der mich auf der Terrasse erwartete. Als er mich sah, warf er die eben angerauchte Zigarette fort und kam mir entgegen. Auf seinem sonnenbraunen Gesicht vertiefte sich ein herzliches Lächeln zu Zärtlichkeit, einer Zärtlichkeit, die nicht bernerhaft sanft und milde schimmerte, sondern lebendig und besitzergreifend war und mich – ob ich wollte oder nicht – magnetisch anzog. Aber ich wollte ja – von ganzem Herzen.

Wir standen noch eine Weile im unwirklichen Licht der *Dämmerung*. Und plötzlich fror ich an meiner rechten Seite. Weil dort kein Junge mit blondem Haar und breiten Augen und kurzer Nase und ungebrochenem Selbstbewußtsein stand.

»Du sollst nicht so viel denken«, sagte Frank, »nicht einmal an mich, wenn ich bei dir bin.«

»Ich habe aber an Pips gedacht.«

»Du sollst heute auch nicht an Pips denken. Muttergefühle heb dir für morgen auf.«

Wir sahen uns an und erinnerten uns noch rechtzeitig an die interessierten Blicke aus dem Hotelrestaurant. Und guckten auf die Landschaft. Wir hatten ja noch so-

---

*die Dämmerung,* der Übergang von Tageslicht zu Dunkelheit

viel Zeit für uns. Ein schönes Gefühl, viel, viel Zeit zu haben . . .

Unter uns umfing ein dichtes, in sich schwimmendes Nebelmeer die Erde, und darüber zeichneten sich die Berge scharf in den verblassenden Abendhimmel. Es sah

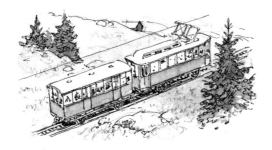

genauso aus wie auf Jeans Ansichtskarten vom – ach, richtig, bald hätte ich zu erzählen vergessen: wir befanden uns auf dem Rigi.

# Fragen

1. Warum ist Julia in Zürich?

2. Warum ist sie nie mit Jean Berner allein?

3. Warum kommt Büffel nach Zürich?

4. Was telegrafiert Julia an Pips?